Swami Atmaswarupananda

VERTRAUE GOTT

Swami Atmaswarupananda

VERTRAUE GOTT

YOGA VIDYA VERLAG

MIX
Papier aus verantwortungsvollen Quellen
FSC® C013205
FSC
www.fsc.org

Originaltitel: „Trust God" (Early Morning Meditation Talks)
by Swami Atmaswarupananda

The Divine Life Trust Society
P.O. Shivanandanagar – 249 192
Distt. Tehri-Garhwal, Uttaranchal, Himalayas, Indien

3. überarbeitete Auflage 2019

Übersetzung: Gauri Susann Baumann
Lektorat: Hannelore Voss
Korrektorat: Chitra Kaspar, Ishwari Elsa Anzenberger, Sophia Pade
Bildbearbeitung: Dirk Gießelmann
Layout, Satz und Textbearbeitung: Sophia Pade
Covergestaltung und -überarbeitung: Mahalakshmi Tasic, Sophia Pade

Printed in Germany
ISBN 978-3-931854-72-0

Weitere Sach- und Fachbücher sind zu beziehen über:
Yoga Vidya GmbH, Yogaweg 7, 32805 Horn-Bad Meinberg, Deutschland
Tel. 05234/87-2209, Fax – 2225, shop@yoga-vidya.de, www.shop.yoga-vidya.de

Dieses Buch ist mit Liebe, Hingabe und Wertschätzung Sri Swami Sivananda und Sri Swami Chidananda sowie der DIVINE LIFE SOCIETY gewidmet.

Der große Yogameister **Swami Sivananda** (1887-1963; Gründer der DIVINE LIFE SOCIETY) zusammen mit einem seiner ältesten und engsten Schülern, **Swami Chidananda** (1916-2008). Swamiji Chidananda wurde 1963 der Präsident der DLS, als sein geliebter Gurudev in Mahasamadhi einging.

Danksagung

Wir freuen uns sehr, diese Vorträge von Swami Atmaswarupananda (Bill Brother), einem der ältesten Schüler von Swami Chidananda im Sivananda Ashram in Rishikesh, in der deutschen Übersetzung vielen interessierten Lesern und Leserinnen zugänglich machen zu können.

Unser Dank gilt natürlich in erster Linie Swami Atmaswarupananda für seine Inspiration und seine besondere Gabe, hohe spirituelle Wahrheiten prägnant und eindringlich zu formulieren und der DIVINE LIFE SOCIETY, Rishikesh, für die Genehmigung, die deutsche Fassung herauszugeben. Wir danken auch Vivekananda Mischa Jugov, von dem vor einigen Jahren die Anregung und der erste Impuls zur deutschen Übersetzung ausging. Besonderer Dank gebührt Gauri Susann Baumann, der es gelungen ist, den Geist dieser tiefen Weisheiten wunderschön ins Deutsche zu transportieren sowie Hannelore Voss für die Überarbeitung.

Ganz herzlichen Dank auch an Chitra Kaspar, die die Überarbeitungen koordiniert und zum Abschluss gebracht hat und an Mahalakshmi Tasic für die liebevolle Gestaltung.

Suguna Langer
(Swami Nirgunananda)
Yoga Vidya, Bad Meinberg, April 2010

Kommentar der Übersetzerin

Jeder Yogaübende und jeder, der ernsthaft auf dem spirituellen Weg ist, trifft in seiner Praxis immer wieder auf Hindernisse, Fragestellungen und Unsicherheiten. Man möchte sich weiterentwickeln und weiß nicht so recht wie. Man fragt sich: „Was ist der nächste Schritt in meiner Entwicklung? Wieso bin ich eigentlich immer noch nicht erleuchtet?"

Das vorliegende Buch schüttelt den Praktizierenden durch und weckt ihn aus seiner Praxisroutine auf. Mit aller Bestimmtheit werden Entscheidungen für den eigenen Weg gefordert. Es sind keine leichten Sprüche, sondern tiefe, weise Reden, bei welchen man sich häufig ganz direkt angesprochen oder ertappt fühlt, weil die Worte von Swami Atmaswarupananda auf die eigenen wunden Punkte hinweisen. Doch allein dadurch ergibt sich die Möglichkeit weiter zu kommen, weiter zu lernen.

Ist es ein Zufall, dass jeweils genau meine eigene persönliche Fragestellung auf dem spirituellen Weg durch die Meditationsrede des Tages beantwortet wurde? Versuchen Sie es selbst.

Swami Atmaswarupananda hat in diesem Büchlein seine Morgenreden für die Bewohner des Sivananda Ashram in Rishikesh gesammelt. Jeden Tag begrüßt er damit die Mönche und Nonnen, wie auch die Besucher des Ashram. Häufig nahm er einen Satz seiner großen Lehrer Swami Sivananda und Swami Chidananda auf und erläuterte ihn. So erschließen sich bekannte Sätze dieser Lehrer plötzlich in einer neuen ungeahnten Weite und Tiefe.

Ein „wunder"-bares Buch für Menschen, die schon länger praktizieren und bereit sind, sich auch unangenehmen Entscheidungen auf dem Entwicklungsweg zu stellen. Ich wünsche allen viel Freude und Inspiration mit diesem wunderbaren Wegweiser für den Tag!

Gauri Susann Baumann

Übersetzerin und Yogalehrerin, Zürich

Vorwort des indischen Herausgebers

Die frühe Morgenmeditation ist eine lange Tradition des Sivananda Ashrams. Sie findet in der Samadhi Hall des Gründers der Divine Life Society, Swami Sivananda, statt. Die Halle wurde in der heutigen Form von Swami Chidananda während seiner Geburtstagsfeier am 24. September 1984 eröffnet. Seitdem erfüllt er ein Versprechen, welches er an diesem Tag gegeben hat: Immer wenn er im *Ashram* ist, hält der verehrte Präsident, Swami Chidananda, eine Ansprache im Rahmen der gemeinsamen Morgenmeditation.

1995 bat Swami Chidananda Shri Swami Atmaswarupananda, ebenfalls eine kurze Rede an sechs Morgen in der Woche zu halten. Später bat er ihn, die Reden aufzunehmen und in einem Buch zu publizieren. Dieser Band von 85 Reden ist die Antwort auf diese Bitte und ist am glücksverheißenden Tag des 85sten Geburtstag unseres verehrten Swami Chidanandaji Maharaj veröffentlicht worden.

Im Text werden H. H. Shri Swami Sivanandaji Maharaj „Gurudev" und H. H. Shri Swami Chidandaji Maharaj „Swamiji" genannt. Sanskrit-Ausdrücke, mit welchen der Leser allenfalls nicht bekannt ist, sind im Glossar erklärt.

Hoffentlich werden die Gedanken dieser Reden bei Wahrheitssuchenden einen Nachhall finden und ihnen in ihrem *Sadhana* (spirituelle Praxis) und auf ihrer Suche nach Gott helfen.

THE DIVINE LIFE SOCIETY
24. September 2001

BE GOOD
DO GOOD

Inhaltsverzeichnis

1.
Wonach sehnen wir uns wirklich?

Was ist es, wonach wir im spirituellen Leben suchen? Was ist es, wonach wir uns wirklich sehnen? Wir denken, dass es darum geht, etwas für uns zu erreichen. Aber Swamiji spricht davon, an einem Ort der völligen Zufriedenheit zu sein, wo die tiefste Sorge uns nicht berühren kann. Dies sind subjektive Begriffe, keine objektiven. Sie schlagen nicht vor, sich etwas Neues anzueignen, sondern einen Zustand zu enthüllen, zu entdecken, der schon da ist.

Diesen Unterschied zu erkennen, ist für unser spirituelles Leben wesentlich. Es bedeutet eine völlig andere Vorgehensweise. Die Schriften und die großen spirituellen Lehrer sagen uns, dass unser zentrales Problem Verlangen ist. Wenn wir also immer noch versuchen, etwas Neues zu erlangen, selbst wenn es Selbstverwirklichung ist, ändern wir unser begehrendes Wesen in keiner Weise. Das wirkliche Ziel des spirituellen Lebens ist, das zu beseitigen, was ständig etwas Neues, etwas anderes will. Es geht weniger darum, etwas Neues in unser Bewusstsein zu bringen, als vielmehr zu seinem Ursprung zu gelangen.

Wonach wir uns wirklich sehnen, wenn wir die Gnade und Weisheit haben, dies zu erkennen, ist nicht, unsere Herzenswünsche zu erfüllen, sondern kein Begehren mehr im Herzen zu haben. Was wir wirklich ersehnen, ist nicht, etwas für uns selbst zu bekommen, sondern kein Selbst mehr wahrzunehmen. In Wirklichkeit wollen wir von dem in uns, was sich ständig etwas wünscht und was Sorgen erzeugt, befreit werden, befreit von unserem begehrenden Wesen, das aus der Identifikation mit dem Körper und dem Geist stammt.

Diese Erkenntnis ist für den Verstand radikal. Vielleicht sehen wir den Fortschritt, den wir uns erhoffen, deshalb häufig nicht. Wir erkennen die kompromisslose Natur des spirituellen Lebens nicht. Es ist genau richtig, wo wir uns gerade befinden. Es geht darum, loszulassen, Dinge zu lassen, wie sie sind, sie Gott zu überlassen. Und genau in der Mitte unseres gegenwärtigen Lebens, unseres gegenwärtigen Bewusstseins, sollen wir entdecken, was wirklich ist, unser wahres Selbst.

***

2.
Wir müssen die Wahrheit wissen wollen

Swamiji spricht immer wieder davon, ein göttliches Leben zu leben. Aber neulich morgens fügte er hinzu, dass es unmöglich ist, wahrhaft das göttliche Leben zu leben, ohne unser Selbstbild zu ändern. Er sagte auch, solange wir nicht gewillt sind, unsere Identität zu ändern, kann der *Guru* uns nicht wirklich helfen.

Er bezog sich dabei auf etwas, das er hier viele Jahre zuvor gesagt hat: „Das spirituelle Leben beginnt nicht wirklich bis du weißt, wer du bist." Vielleicht haben wir uns schon über das weltweite Phänomen bei Suchenden gewundert, das zeigt, dass nach Jahren ernsthafter spiritueller Praxis keine wirkliche Veränderung in ihrem Wesen eintritt. Swamiji wies uns stets darauf hin: Egal, was wir tun, wieviel Zeit wir für unsere spirituelle Praxis verwenden, wieviel selbstlosen Dienst wir tun – wenn wir nicht am Kernpunkt des spirituellen Lebens arbeiten, an unserer grundlegenden Identität, wird es keine wesentliche Veränderung geben.

Woher kommt es, dass wir nicht an diesem zentralen Punkt arbeiten, obwohl wir diese Wahrheit nur zu gut kennen? Wir wissen es und uns wird ständig erzählt, dass die individuelle Seele nichts anderes als *Brahman* ist. Wir wissen und laufend hören wir, dass es nur Gott allein gibt. Er ist die einzige Wirklichkeit. Warum ist diese Wahrheit uns heute nicht wirklich näher als damals, als wir sie zum ersten Mal hörten? Vielleicht glauben wir es immer noch nicht wirklich. Egal wie oft wir es schon gehört haben, egal wie oft wir es diskutiert haben oder darüber nachgedacht haben – wir können nicht glauben, dass wir keine getrennte Wirklichkeit sind. Und wenn wir tief in unsere Herzen schauen, *wollen* wir es vielleicht nicht wirklich glauben.

Wenn wir also trotz allen ernsthaften Bemühens in unserem spirituellen Leben keine wahrnehmbaren Fortschritte gemacht haben, kann es gut sein, dass wir nicht das zentrale Thema betrachten, unsere grundlegende Identität. Wir stellen uns ihm nicht, weil wir es nicht wirklich glauben und vielleicht weil wir es nicht wirklich glauben wollen. Trotzdem bleibt die Wahrheit die Wahrheit. Deshalb ist die erste Entscheidung, die wir treffen müssen, die, ob wir unser Leben auf die Basis der Wahrheit stellen wollen oder ob wir auf der Basis der Unechtheit, dem Glauben an eine falsche Individualität, fortfahren wollen.

Während wir darüber nachdenken, sollten wir erkennen, dass unabhängig von dem, was wir wollen, die Wahrheit die Wahrheit ist: Auch wenn wir unser Leben auf falsche Voraussetzungen bauen wollen, ändert das nicht die Tatsache unserer wahren Identität. Aber es ändert ganz bestimmt die Art, wie wir unserer Leben erfahren und ausdrücken. Es gilt zu bedenken, dass unser Leben selbst nicht wahrheitsgemäß sein kann und uns in fortwährende Probleme führen wird, wenn wir es weiterhin auf einem Irrtum gründen.

Wenn wir also über unsere gegenwärtigen Erfahrungen des Lebens hinausgehen wollen, gibt es sicherlich keine Alternative. Wir müssen es auf der Wahrheit gründen. Und je eher wir das tun, umso eher können wir ein göttliches Leben führen und um so mehr kann der *Guru* für uns tun, was er wirklich tun möchte.

***

3.
Von der Klippe springen

Der Mensch ist oft als „denkendes Tier" bezeichnet worden. Tatsächlich denken auch Tiere. Was den Menschen unterscheidet ist sein Ich-Sinn. Der Mensch kann wahrnehmen, dass er denkt, er kann logisch denken und wahrnehmen, dass er logisch denkt. Aber obwohl das so ist, stimmt es auch, dass die Mehrheit der Menschen nur geringfügig oberhalb der Ebene intelligenter Tiere funktioniert, weil wir unser Leben mechanisch ausführen. Selbst wenn wir sehr gebildet oder im materiellen Sinn sehr erfolgreich sind, stellen wir, wenn wir unser Leben untersuchen, fest, dass es insgesamt recht tierähnlich ist, dass wir selten selbst denken. Fast alles in unseren Gedanken beruht auf dem, was wir von anderen aufnehmen.

Deshalb könnte man sagen, wirklich Mensch zu werden bedeutet, anzufangen, selbstständig zu denken. Alle Vorstellungen, die wir von unseren Eltern und unserer Kultur aufgenommen haben, überdenken wir noch einmal. Jene, mit denen wir übereinstimmen, akzeptieren wir, aber wir akzeptieren sie mit unserer eigenen Begründung. Wenn wir Vorstellungen in unserer Kultur finden, die wir nicht mehr akzeptieren können, weisen wir sie zurück. Wir leben auf der Basis dessen, was wir in unserem Herzen für wichtig halten, woran wir glauben. Auf diese moralische, selbst durchdachte Weise zu leben, bedeutet, wirklich Mensch zu sein.

Aber für uns spirituell Suchende ist das trotzdem noch nicht genug. Es kommt ein Punkt, an dem wir unseren *Dharma*, all unsere Rechtschaffenheit und Weisheit aufgeben und einzig bei Gott Zuflucht nehmen. Es kommt ein Punkt, an dem wir hinaus in die Dunkelheit gehen und unsere Hand in die Hand Gottes legen. Dann kommt ein Punkt, an dem wir vom Bekannten ins Unbekannte ziehen müssen. Wenn es ein schwieriger Schritt ist, als Mensch selbstständig zu sein und selbst zu denken, so ist es mindestens genauso schwierig, wenn nicht noch schwieriger, den Schritt von der Sicherheit unseres Sich-Selbst-Genügens zur Abhängigkeit von Gott allein zu gehen. Manchmal wird das als „von der Klippe springen“ beschrieben. Wir haben keinen Standpunkt mehr, denn wir haben all unseren *Dharma* aufgegeben, all unsere Vorstellungen von richtig und falsch.

Solange wir in unseren vertrauten menschlichen Dimensionen von Entscheidungen, was eine richtige oder falsche Handlung ist, bleiben, können wir immer sehr entscheidungsfreudig und sehr logisch sein. Aber wenn wir von der Klippe springen, unsere Hand in die Hand Gottes legen, im Unbekannten ruhen, wenn wir einfach nicht wissen, dann können wir nicht auf die gewohnte Weise sicher sein. Und genau das ist es letztlich, wozu wir Suchende aufgerufen sind. Wir sind gerufen, uns in Gott zu verwurzeln, im Unbekannten zu verwurzeln. Das ist die endgültige Sicherheit, die Sicherheit des Nichtwissens, aber des Lebens in der Weisheit Gottes.

* * *

4.
Bereitet dich deine spirituelle Praxis auf das Schlachtfeld vor?

Die „Bhagavad-Gita" ist eine einmalige Schrift. Sie ist nicht nur eine einmalige hervorragende Darstellung der höchsten Wahrheit, die Essenz aller vedischen Schriften, sondern sie wurde auch unter einmaligen Bedingungen empfangen – auf einem Schlachtfeld. Wenn wir uns an die Lehren Jesu erinnern, denken wir an den Berg, wo er die Bergpredigt hielt oder an das Ufer des Sees von Galiläa oder an den Tempel. Und wir können uns nicht vorstellen, dass die Lehren Buddhas von einem Schlachtfeld kommen. Vielleicht ist die größte Lehre der „Bhagavad-Gita" ihre Umstände, denn wenn die Botschaft der Großen nicht auf dem Schlachtfeld angewendet werden kann, dann haben wir ihre Lehren nicht tief genug verstanden.

Es ist nicht allzu schwierig, in dieser Welt Menschen zu finden, die die Schriften mit einem Scharfsinn verstehen, der einfach atemberaubend ist. Es ist auch nicht zu schwierig, Menschen zu finden, die Visionen haben, manchmal eine nach der anderen, die so großartig sind, dass man sich geehrt fühlt, einfach nur von ihnen zu hören. Es ist auch nicht die Schwierigkeit, Menschen von tiefem Mitgefühl zu finden oder Leute, die ihr ganzes Leben dem Dienst an anderen widmen. Was am schwierigsten ist, ist jemanden zu finden, der die Botschaft so tief verinnerlicht hat, dass sie auch auf einem Schlachtfeld gültig bleibt.

Das ist eine Wahrheit, an die wir bei unserem *Sadhana* (unserer spirituellen Praxis) immer denken sollten. Das ist der Test, dem wir unser *Sadhana* unterziehen können. Hält das, was ich erkenne, auch auf einem Schlachtfeld stand? Wenn ich im Krieg wäre, im übertragenen Sinn oder im wirklichen, sind mein Wissen, mein Verständnis, meine Verwirklichung dann noch gültig? Sehr wenige wären fähig, ja zu sagen. Unsere Verwirklichung, unsere Religion ist da gültig, wo sie uns passt. Sei es in der Meditationshalle, in der Kirche, im Tempel oder in der Stille unseres eigenen Zimmers. Das bedeutet, es gibt noch etwas mehr zu tun.

Wir müssen unsere gegenwärtige Praxis so vertiefen, dass wir leer werden, ein Nichts werden, anstelle angenehmer Gefühle oder Einsichten, anstatt von perfekter Ausführung. Wir kommen zu dem Punkt, an dem uns nichts mehr genommen werden kann. Deshalb bleiben wir gleich; egal wo wir sind, wir sind leer – wir sind nichts, wir sind nicht die Handelnden. Das ist es, was wir durch wahre Hingabe erreichen, durch unerschütterliches Vertrauen, durch völligen Gleichmut, durch das Praktizieren der Gegenwart eines Gottes, der nicht erkannt, nicht verstanden oder festgehalten werden kann.

Es ist die Bereitschaft, alles aufzugeben, einschließlich unseres Wissens und unserer guten Gefühle, die uns auf das Schlachtfeld vorbereitet. Es ist die Bereitschaft, alles zu verkaufen, was wir haben, um eine sehr teure Perle zu erwerben. Alles andere hat begrenzten Wert. Die Perle hat ewigen Wert.

***

5.
Spirituelle Praxis ist nicht ein Ziel für sich

Spirituelles Leben ist ein Suchen nach etwas, das für den Verstand unbekannt und undenkbar ist, dem Feinsten vom Feinen. Deshalb sollte man bedenken, dass wir bei der Suche ständig einen scharfen Geist entwickeln müssen, der feine aber wichtige Unterschiede erkennen kann. Einer dieser feinen Punkte ist, dass wir erkennen sollten, wie aus einem Wert ein Laster werden kann.

Zum Beispiel ist die Tugend der Beharrlichkeit absolut wichtig für unser spirituelles Leben. Ohne die Fähigkeit in uns, ausdauernd zu sein, verlieren wir schnell das Bestreben, unser Ziel zu erreichen. Aber wenn Beharrlichkeit in Sturheit und in Anklammern an eigene Positionen, in die Zurückweisung neuer Ideen umschlägt, dann wird sie ein Laster. Dasselbe trifft beim Studieren der Schriften zu. Wir müssen das befreiende Wissen verstehen. Deshalb ist das Studieren und Verstehen der Schriften entscheidend für unser spirituelles Leben. Sie sind ein Wert. Wenn aber das Studieren der Schriften nur ein Ansammeln von Wissen ist, dann wird es, mit Swamijis Worten, eine Last für unseren Kopf. Unser spirituelles Wissen wird dann, anstelle uns zur Freiheit zu leiten, ein Teil unserer Verhaftung, weil es unser Ego nährt.

Überraschenderweise kann sogar Gurudevs Maxime „Sei gut, tue Gutes“ falsch verstanden werden. Der Zweck von Gut-Sein und Gutes-Tun ist, unser gesamtes Wesen zu reinigen. Sie dienen dazu, unser Ego auszudünnen, weniger egoistisch und selbstzentriert zu sein. Aber wenn Gut-Sein und Gutes-Tun in sich selbst enden, wenn wir denken, wir verdienen uns so den Weg in den Himmel, wenn es uns reicht, dass wir uns bessern, dann werden sie letzten Endes zum Laster. Warum? Weil sie unser Ego genährt haben, anstatt es auszumerzen.

Der ganze Zweck des spirituellen Lebens liegt darin, die Persönlichkeit zu transzendieren, sie hinter uns zu lassen. Ob wir nun eine wundervolle oder hässliche Persönlichkeit hinter uns lassen, ist am Ende letztlich unwichtig. Das Wesentliche ist, alles hinter sich zu lassen.

Krishna sagt: „Beende alle *Dharmas.*" Uns muss klar sein, dass das letzte Ziel des Lebens nicht ist, Wissen anzusammeln oder gut zu sein und Gutes zu tun, obwohl das auch notwendig ist. Das letzte Ziel des spirituellen Lebens ist, über alles hinauszugehen.

Das sollten wir uns also in unserer spirituellen Praxis immer vergegenwärtigen. Die spirituelle Praxis ist nicht Ziel an sich, sie ist ein Mittel für das eigentliche Ziel. Das Ziel müssen wir immer im Bewusstsein haben. Ziel des spirituellen Lebens ist *Moksha.* Befreiung ist das Ziel des spirituellen Lebens. Freiheit ist das Ziel spirituellen Lebens. All unsere spirituelle Praxis ist nur ein Mittel zu diesem Ziel.

* * *

6.
Wir sind Rebellen gegen Gott

Wenn wir den spirituellen Ruf hören und in uns eine sehr starke Reaktion spüren, warum sind wir dann nicht fähig, ihm ganz und gar zu folgen? Swamiji macht das ziemlich deutlich. Er sagt, dass wir immer noch zu sehr an den Objekten der Sinne interessiert sind. Warum ist das so? Die Wahrheit ist, dass wir abhängig sind. Normalerweise denken wir an Abhängigkeit in Zusammenhang mit Tabak, Alkohol und Drogen, aber es ist nicht notwendigerweise so. Wir müssen die Feinheiten der Abhängigkeit verstehen.

Eine Abhängigkeit ist etwas, dem wir frönen, obwohl wir wissen, dass es uns schadet. Wir können zum Beispiel der Nahrung in einem Ausmaß frönen, das für uns nicht gut ist. Wir wissen es, aber wir wollen es nicht aufgeben. Wir können Tratsch und Klatsch frönen. Wir wissen, es verunreinigt unseren Geist, aber wir wollen es nicht lassen.

Gurudev sagt: „Befreie uns von Egoismus, Lust, Gier, Hass, Zorn und Eifersucht." Wir wissen, diese Dinge sind nicht gut für uns, aber wir geben uns nicht wirklich Mühe, damit aufzuhören.

Schließlich sollten wir erkennen, dass alle diese Dinge ihre Wurzel in einer Grundabhängigkeit haben, die wir nicht wirklich aufgeben wollen: Wir wollen tun, was wir wollen und wann wir wollen. Wir sind Rebellen gegen Gott. Gott ruft uns in ein Leben des Gehorsams, ein Leben der Demut, ein Leben der Hingabe und des Vertrauens. Wir hören den Ruf, wir sagen, wir wollen Gott, und ein Teil von uns will das sicher, aber es gibt einen Teil von uns, der ein Rebell ist, der einfach tun möchte, was er will. Das ist der getrennte Ich-Sinn; etwas in uns möchte unabhängig bleiben.

Wir wissen, dass dieser Einzelsinn die Quelle von Leid ist, aber wir wollen ihn nicht aufgeben. Das ist das eigentliche spirituelle Problem. Man nennt es „Unwissenheit", weil wir es nicht bemerken. Aber in Gurudevs *Ashram*, mit seinen Lehren und den Lehrern, die wir haben, gibt es keine Entschuldigung für unsere Unwissenheit. Deshalb ist es das, was man „willentlichen Ungehorsam“ nennt. Denn wir wissen es besser, genauso wie wir es bei Drogen, Alkohol und Tabak besser wissen, aber wir wollen uns nicht ändern. Und so werden wir weiter leiden, solange wir nichts ändern wollen.

Schließlich, mit Gottes Gnade und, wie Swamiji sagt, „unserer eigenen Gnade“ – der Zusammenarbeit unseres Geistes - werden wir sagen: „Ich habe genug davon, auf mich selbst gestellt sein zu wollen; ich habe genug Rebellion gehabt. Jetzt ist es Zeit, nach Hause zu gehen und Teil von dem zu sein, was ich wirklich bin.“

* * *

7. Der Weg zum Frieden

Große Lehrer lehren eher durch ihr Tun als durch das, was sie sagen. Swamiji ist keine Ausnahme. Manche sagen sogar, dass jede seiner Handlungen eine spirituelle Lektion ist. Neulich beim *Satsang*, als der Friedens-Mantra gesungen wurde, legte er besonderen Wert darauf, wie er *Shanti* („Frieden") sang. Er hat es absichtlich in die Länge gezogen, er verlangsamte das gesamte Tempo des Singens und somit der Atmosphäre. Das ist eigentlich nichts Neues, sondern schon so, solange man ihn kennt. Denn immer wenn er einen Friedens-Mantra singt, wenn er *Shanti, Shanti, Shanti* singt, ist es, als käme es aus einer anderen Welt, als ob sein Singen selbst eine Lehre ist.

Diese feine Betonung stimmt genau mit ihm überein, denn er sagt auch, dass es ohne Frieden kein Glück gibt. Mit anderen Worten hängt unser Glück, das, wonach wir suchen, vom Frieden ab. Instinktiv wissen wir das. Die Leute fahren gern in den Urlaub, um ein wenig Frieden zu finden. Manche Menschen sind so aus dem Gleichgewicht, dass Schlaf ihre einzige Zuflucht zu sein scheint.

Dennoch finden die meisten von uns nicht den Frieden, den sie suchen. Es muss wohl so sein, dass wir am falschen Ort suchen. Swamiji sagt uns ziemlich klar, der Grund unseres *Ashanti* – dass wir keinen Frieden finden können – sei unser Ego.

Wenn es einen Wendepunkt im spirituellen Leben gibt, wenn es einen Schlüsselfaktor für das spirituelle Leben gibt, ist es die Erfahrung und Entdeckung, dass das Ego das wirkliche Problem ist.

Es ist das Ego, das uns psychologisch von unserem wahren Selbst abschneidet und so in uns eine unterschwellige Spannung durch das Gefühl des Isoliertseins hervorruft. Das Ego trennt uns von unseren Nächsten und ist so die Quelle unserer Konflikte und Streitereien. Es ist das Ego, das in uns das Gefühl des Mangels erzeugt, das das unaufhörliche Verlangen nach den Objekten der Welt erhält.

Das theoretische oder intellektuelle Wissen, dass das Ego das Problem ist, hilft uns nicht wirklich. Wir müssen es selbst durch Erfahrung entdecken. Wir müssen erkennen, was wir tun. Wir müssen sehen, dass wir für die Vergrößerung des Egos leben und sogar unser spirituelles Leben so ausgerichtet ist, dass das Ego etwas erreichen kann.

Deshalb ist es so ein Segen, in einer Umgebung zu sein, in der wir wirkliches spirituelles Leben gezeigt bekommen. Wir können sehen, dass das spirituelle Leben eine Sache des Nichtseins, des Leerseins ist. Es bedeutet auch, den Frieden zu kennen, der daraus entsteht, dass wir nicht versuchen, uns selbst zu behaupten und zu bestätigen. Wir können entdecken, dass wir unser ganzes Leben dafür verwendet haben, unser Ego zu stärken; das zu verstärken, was unseren Frieden zerstört.

Wenn wir das entdecken, haben wir die Gott gegebene Gelegenheit, das Gegenteil zu praktizieren, alles zu tun, um unser Ego umzugestalten und nach und nach zu löschen. Das ist der Weg zum Frieden.

***

8.
Lebe heute!

Einer der Schlüssel zum Erfolg auf jeglichem Gebiet ist, ein Ziel klar vor Augen zu haben. Ob es ein Student ist, der ein Stipendium will, ein Geschäftsmann, der Geld machen will oder ein Spezialist, der Hervorragendes auf seinem Gebiet leisten will. Ein Ziel klar vor Augen zu haben ist unerlässlich, um Erfolg zu haben.

Die Schwierigkeit ist, wenn wir ein bestimmtes Ziel erreichen wollen, kann es sein, dass wir das Leben auf später verschieben. Das Ziel wird das einzig Wichtige, denn wir sind überzeugt, wenn wir das Ziel erreicht haben, werden wir glücklich sein. Deshalb ist unser Geist an das Morgen gebunden, das Heute betrifft uns nicht so sehr. Aber selbst wenn wir unser Ziel erreicht haben, bringt es uns selten das Glücksgefühl, das wir erwartet haben. Deshalb sind wir entweder enttäuscht oder wir setzen uns ein weiteres Ziel, um unsere Enttäuschung zu umgehen. Und wieder sind wir davon überzeugt, glücklich zu sein, wenn wir das Ziel erreicht haben.

Wir können unser ganzes Leben so verbringen: Für die Zukunft leben, das Heute ignorieren und eines Tages die Welt verlassen, ohne wirklich gelebt zu haben. Vielleicht kann uns das sogar im spirituellen Leben passieren. Wenn wir im spirituellen Leben vorankommen wollen, brauchen wir ein Ziel, auf das wir hinarbeiten. Aber wir können möglicherweise so konzentriert auf unser Ziel sein, dass wir vergessen, heute zu leben. Swamiji hat uns neulich am Morgen deutlich darauf hingewiesen. Er verglich das spirituelle Leben mit einer Reise. Er sagte: „Es ist gut, das Ende einer Reise zu erreichen, aber in Wirklichkeit liegt die Freude in der Reise selbst. Jeder Tag bringt neue Herausforderungen und Abenteuer. Wenn du also dein Ziel erreicht hast und zurückblickst, siehst du, dass die Reise selbst ein genauso wichtiger Teil war."

Der große Poet Rabindranath Tagore hat ein sehr inspirierendes Gedicht zu diesem Thema geschrieben: „Schaue auf das Heute. Es ist das

Leben. Das Leben allen Lebens. In seinem kurzen Ablauf liegt alle Wahrheit und Wirklichkeit deines Seins: die Wonne des Wachsens, die Größe der Tat und die Herrlichkeit des Schönen. Denn das Gestern ist nichts als ein Traum und das Morgen nur eine Vision. Aber das Heute recht gelebt macht jedes Gestern zu einem Traum voller Glück und jedes Morgen zu einer Vision voller Hoffnung. Deshalb achte gut auf diesen Tag!"

Heute zu leben bedeutet, ein achtsames Leben zu leben, in jedem Augenblick ganz und gar präsent zu sein. Unsere ganze spirituelle Praxis soll uns dabei helfen: *Japa* (Mantra-Wiederholung), Verehrung, spirituelle Erforschung, Studien und Meditation - all das konzentriert unseren Geist. Unsere spirituelle Praxis bringt uns zum gegenwärtigen Augenblick, und dieser gegenwärtige Augenblick ist Leben.

Krishna sagte: „Gib allen *Dharma* auf. Nimm Zuflucht in mir allein."

Gib all deine Vorstellungen über die Zukunft, die Vergangenheit oder darüber, wie Leben gelebt werden sollte, auf und nimm genau jetzt Zuflucht in Gott. Lebe in der Gegenwart. Lebe heute!

***

9.
Fußspuren

Seit fast vierzig Jahren reist Swamiji regelmäßig in den Westen. Und während er im Westen war, sammelte er spirituelle Botschaften, die ihn ansprachen. Oft hat er sie dann als kleine Heftchen zu Tausenden verteilt.

Eines Morgens wiederholte er hier eine Geschichte mit dem Titel „Fußspuren“, die in seinem Buch „Erwäge diese Wahrheiten“ aufgezeichnet ist. Es ist die kurze Geschichte einer Frau, die träumte, dass sie mit Gott am Strand spazieren ging. Während sie mit ihm sprach, blickte sie auf die Fußspuren im Sand zurück und sah, dass es immer zwei Paar Fußspuren waren, bis auf die Zeiten, in denen sie es wirklich schwer gehabt hatte. Da sah sie nur ein Paar Fußabdrücke. Also wandte sie sich an Gott und sagte: „Warum hast du mich verlassen, als ich dich am meisten brauchte?“ Gottes Antwort war sehr interessant, sagte Swamiji.

Ich bin nicht sicher, warum Swamiji uns an diesem Morgen die Antwort Gottes nicht erzählt hat. Vielleicht wollte er, dass wir darüber nachdenken, warum wir fühlen oder denken könnten, Gott sei in unseren schwierigsten Zeiten nicht da. Denken wir denn, Gott ist nur anwesend, wenn wir es fühlen? Ist unser Gott nur ein Gott unserer Gefühle? Ist unser Gott nur ein Gott des *Sattva Guna* (wenn in uns Reinheit und Durchlässigkeit vorherrschen)? Wir wissen alle, dass die drei *Gunas* (Eigenschaften der Natur: *Sattva*, *Rajas*, *Tamas*) ständig wechseln. Wenn *Sattva* (Reinheit, Klarheit) vorherrscht, haben wir kein Problem, an Gott zu glauben. Unser Glaube ist fest. Aber wenn *Tamas Guna* (Dunkelheit, Trägheit) vorherrscht, denken wir, Gott hat uns verlassen.

Aber der Gott der Schriften ist ein Gott, der jederzeit gegenwärtig ist, ein Gott, der die drei *Gunas* transzendiert. Der Gott, den wir verehren sollen, der Gott, den wir suchen sollen, ist ein allgegenwärtiger Gott - in dem wir leben, uns bewegen und unser Sein haben – egal, welcher *Guna* gerade gegenwärtig ist, egal wie wir uns fühlen. Wir sollen diesen unerfahrbaren, undenkbaren und unfühlbaren Gott entdecken, der immer mit uns ist.

Swamiji gab uns Gottes Antwort an diesem Morgen nicht. Aber es ist wirklich eine sehr interessante Antwort. Denn Er sagte der Frau: „Mein liebes, geliebtes Kind, du solltest wissen, dass ich dich nie verlasse. Der Grund, warum du während deinen schwierigen Zeiten nur ein Paar Fußspuren siehst, ist, dass ich dich getragen habe, als du dachtest, ich hätte dich verlassen.“ Also egal, wie wir uns fühlen, Gott ist immer treu. Er ist immer bei uns. Wenn wir uns daran erinnern, wird *Tamas Guna* verschwinden und *Sattva Guna* wieder zurückkehren.

***

10.
Das Ziel ist jenseits von Gefühlen

Irgendwann in unserem Leben fühlten wir eine machtvolle Anziehung, einen Ruf zum spirituellen Leben. Vielleicht haben wir etwas gelesen, haben einen spirituellen Lehrer getroffen oder hatten eine spirituelle Erfahrung. Es war etwas, das uns sehr wirklich erschien. Wir fühlten die Anziehungskraft Gottes. Als Folge davon verbinden wir gedanklich unsere Suche, unser Ziel normalerweise mit einer gewissen Gefühlserfahrung.

Manchmal hat ein Suchender eine so tiefe spirituelle Erfahrung, dass er oder sie Jahre damit verbringt und unglaubliche Mühen auf sich nimmt, diese Erfahrung wieder zu bekommen. Oder wenn man sich von einem Lehrer angezogen fühlt, schließt man sich ihm oder seiner Institution an. In jedem Fall gibt es das starke Verlangen, diese Gefühlserfahrung wiederherzustellen oder eine Erfahrung zu haben, die wir uns als Gott vorstellen. Wir suchen nach etwas Fühlbarem.

Aber das ist es nicht, was uns die Schriften zeigen, noch ist es das, was wir im Lehrer sehen. Egal, wie unterschiedlich ihre Persönlichkeiten oder ihre Lehren sind, es gibt etwas, das die großen *Gurus* im Innersten alle gemeinsam haben und das ist eine Leere, eine Stille, eine Leichtigkeit. Es ist nichts, was wir greifen könnten, trotzdem ist es sehr real. Einige Schriften fordern uns auf, unseren Tiefschlaf zu analysieren, um uns zu zeigen, wonach wir suchen. Was weißt du vom Tiefschlaf?

Wie kannst du den Tiefschlaf fühlen? Alles, was du davon wissen kannst, ist, dass du gut geschlafen hast, und das ist die normale Erfahrung aller. Du kannst nichts darüber sagen, aber du kannst seine Existenz nicht bezweifeln.

In der Beschreibung eines Heiligen heißt es oft, für ihn sind Erfolg und Misserfolg ein und dasselbe, für ihn sind ein Stück Gold und ein

Klumpen Erde gleich. Können wir je dasselbe fühlen bei Erfolg und Misserfolg, einem Stück Gold und einem Klumpen Erde? Wir können uns vielleicht vorstellen, dasselbe zu *fühlen*, aber das ist einfach unsere Vorstellung. Wir können beides vielleicht nicht verfolgen oder meiden wie manch anderer, aber es wird immer eine Vorliebe geben. Wenn wir tatsächlich keine Vorlieben haben sollen, muss das also aus einem Bereich in uns jenseits von Fühlen oder Denken sein.

Das führt uns dann zum Erkennen der größten Herausforderung des spirituellen Lebens: Was wir suchen ist jenseits allen Fühlens oder Verstehens. Es ist ein Bereich des totalen Nichtwissens, jedenfalls soweit es den Verstand betrifft. Es ist dieses reine Bewusstsein, das sich selbst nicht kennen kann, aber alles andere weiß. Wenn wir denken, wir kennen es, dann kennen wir es nicht. Aber der Verstand kann wahrnehmen, dass es etwas gibt, das den Verstand wahrnimmt.

Krishna lehrt, dass das Geheimnis des Erfolgs Gleichmut und Übung ist. Wir müssen schrittweise Gleichmut gegenüber allem auf dieser Welt, einschließlich spiritueller Erfahrungen, entwickeln und die Gegenwart eines Gottes praktizieren, der sich nicht greifen lässt und dennoch da ist. Die Schriften sprechen von *Moksha*, von Befreiung, von Freiheit. Es ist die Freiheit von allem, das bekannt ist – sogar von unserem „Wissen" von Gott. Sie ruht im Absoluten.

***

11.
Der wahre Revolutionär

Das Ziel des Lebens ist *Moksha* (Befreiung). Und es gibt in jedem Herzen etwas Grundlegendes, das sich nach Freiheit sehnt. Einerseits könnte man also sagen, wir sind geboren, um frei zu sein. Falls wir in einer sehr einfachen Gesellschaft geboren wurden, werden uns nur sehr wenige Vorschriften auferlegt, die unsere natürliche Freiheit einschränken. Aber in einer solchen Gesellschaft ist diese Freiheit gleichzusetzen mit dem Gesetz des Dschungels – jeder für sich selbst. Das führt zu einem zerstörerischen Verhalten.

Wenn sich eine Gesellschaft entwickelt, werden Gesetze und Vorschriften geschaffen, die uns zwar vom Gesetz des Dschungels wegleiten, aber unsere Freiheit einschränken. Je älter eine Zivilisation ist, umso ausgeklügelter können die Vorschriften werden. Jeder hat seinen eigenen Platz. Während das den Vorteil hat, uns mehr und mehr vom Gesetz des Dschungels zu entfernen, ist es gleichzeitig eine Einschränkung unseres natürlichen Verlangens nach Freiheit. Deshalb versuchen wir auf die eine oder andere Weise aus diesen Grenzen auszubrechen.

Manchmal weigern wir uns, Autorität anzuerkennen, wenn sie uns nicht gerade aufgezwungen wird. Manche Leute werden exzentrisch. Andere gehen weg und richten sich ein neues Leben ein. Andere werden Revolutionäre, sie wollen die ganze Gesellschaft verändern. Alles das wird im Namen der Freiheit gemacht: „Ich will machen, was ich will. Etwas muss sich verändern." Aber wenn wir alle diese Ausdrücke der Freiheit ansehen, erkennen wir, dass sie sich alle im selben Bereich bewegen. Wann auch immer wir eine Art von Freiheit erworben haben, nehmen wir gleichzeitig eine andere Form von Bindung an, weil wir immer noch durch unsere Vorstellungen und Wünsche gebunden sind. Es ist nicht Freiheit, sondern eine Illusion von Freiheit.

Die einzige wirkliche Freiheit ist die Freiheit, die Heilige wie Gurudev uns zeigen. Und das sind die eigentlichen Revolutionäre. Andere Revolutionäre verändern nur die Mischung – sie bewirken keine grundlegende Veränderung. Der wahre Revolutionär ist entschlossen, frei vom alten Lebensstil zu werden. Was ist der alte Lebensstil? In dem Glauben zu leben, dass wir der Körper und der Geist sind.

Es ist so bequem, zu versuchen, unsere Freiheit zu finden, indem wir den alten Lebensstil immer wieder verändern, indem wir trotzig sind, indem wir allein herumstreichen, indem wir exzentrisch werden, indem wir ein Revolutionär werden. Aber wir finden erst heraus, wie ernst wir es mit der Freiheit meinen, wenn wir uns verpflichten, frei von uns selbst zu sein.

Wahre Freiheit ist zu sein, was wir wirklich sind - das immer freie Selbst. Es bedeutet, völligen Gleichmut gegenüber der falschen Vorstellung eines Selbst zu entwickeln und auch gegenüber der Art mit dieser Vorstellung zu denken und zu leben. Es bedeutet, darüber hinaus in eine wirklich andere Dimension zu gehen.

Es gibt keinen leichten Weg zur wahren Freiheit. Wir brauchen dazu jedes Gramm revolutionären Verlangens, das wir in uns haben. Es ist kein Weg für die, denen es an Mut mangelt. Es ist nichts für die, die einen leichten Weg wollen. Es erfordert das Allerbeste. Das ist das wahre Streben nach Freiheit. Das ist wahre Revolution.

***

12.
Will ich wirklich Gott?

Swamiji ist ein sehr positiver Lehrer und er lenkt ständig unsere Aufmerksamkeit auf die positiven Zusicherungen der Schriften, besonders der „Bhagavad-Gita". Aber er geht noch weiter, indem er uns ständig ermahnt, unsere spirituelle Praxis nie zu vernachlässigen und unser brennendes Verlangen nach dem Ziel zu erhalten. Er sagt: „Ich versichere dir, wenn du das tust, wird nichts auf der Welt dich davon abhalten, das Höchste zu erreichen." Swami Krishnanandaji, unser verehrter Generalsekretär, sagte: „Wenn du Gott wirklich erreichen willst, kannst du Ihn in diesem Moment haben." Hier wird uns gelehrt, dass der Schlüssel zu unserem spirituellen Leben die Intensität unseres Gottesverlangens ist. Wenn wir also das Gefühl haben, dass wir den Fortschritt in unserem spirituellen Leben vermissen, sollten wir uns vielleicht fragen: „Will ich Gott wirklich?"

Wenn also beide, Swamiji und Swami Krishnanandaji, uns versichern, dass wir Gott haben können, wenn wir ihn wirklich wollen, was hält uns dann zurück? Wenn wir uns selbst analysieren, in uns hineinschauen, können wir zwei grundsätzliche Dinge entdecken. Das Erste ist, dass wir meinen, etwas Besonderes zu sein. Wir meinen, der Ort, von dem wir kommen, ist besonders, unser Hintergrund ist besonders, unsere Nationalität ist besonders und unsere Talente sind besonders. Wir können sogar meinen, wir seien besonders gut oder besonders schlecht. Wenn wir genau hinschauen, finden wir kein Ende in dem Verlangen, besonders zu sein. Die Wahrheit ist, wir wollen nicht damit aufhören, wir wollen unsere Besonderheit nicht opfern, um ein Teil des Ganzen zu sein. Das Zweite ist Angst. In den meisten von uns steckt tief im Inneren die Angst loszulassen. Es gibt diese Angst, Gedanken wie „Jemand zu sein" und wie "Jemand Besonderes zu sein" aufzugeben. Da ist eine Angst vor dem Unbekannten.

Glücklicherweise gibt es noch ein weiteres Prinzip in uns, welches kraftvoll dieses Ziel erreichen will. Die gute Nachricht ist, dass die Kraft des Verlangens „frei zu sein" den Wunsch „etwas Besonderes zu sein" überwindet, wenn wir klar erkennen, dass das Verlangen „etwas Besonderes zu sein" die Quelle des Leidens ist – für uns und für jeden, mit dem wir in Berührung kommen. Es ist dasselbe mit der Angst. Wir können sie überwinden, wenn wir unsere wahre Natur behaupten und indem wir uns sagen: „Die Wahrheit um jeden Preis."

Wir müssen in uns die Quelle des Vertrauens in die universelle Kraft finden - die Kraft, die uns bis hierher gebracht hat. Warum führen wir kein gewöhnliches Leben mehr? Eine unbekannte Kraft in uns hat uns dazu gebracht. Etwas in uns hat gesagt: „Ich möchte weiter kommen, es gibt etwas Besseres als das, was ich bisher kennen gelernt habe." Wir müssen dem vertrauen, das uns dazu gebracht hat. Wir müssen den Mut haben, klar zu sehen, was uns blockiert und entschlossen sein, es loszulassen.

Wenn es uns gelingt, genügend Entschlossenheit aufzubringen, um weiter zu gehen und genügend Bereitschaft, alles loszulassen, was im Weg ist - dann haben wir sowohl die Versicherung und Zusage unserer Lehrer als auch der Schriften, dass nichts in diesem Universum uns davon abhalten kann, das Ziel noch in diesem Leben zu erreichen.

***

13.
Zwischen „Besonders-Sein" und „Gewöhnlich-Sein" wählen

Ein Weg, unseren Geist auf das Ziel des Lebens auszurichten, ist, beständig daran zu denken und sich neue Wege zu überlegen, wie es wirklicher werden kann.

Eine Art daran zu denken, welche uns vielleicht etwas erschreckt und unseren Geist zum Grübeln bringt, ist, uns zu sagen, dass es das Ziel des Lebens ist, sich vom „Besonders-Sein" zum „Gewöhnlich-Sein" zu bewegen.

Es gibt etwas in uns, das gegen diese Vorstellung protestiert, denn das Wichtigste, was wir denken, was wir sind, ist etwas „Besonderes" und das Wichtigste, was wir sein wollen, ist etwas „Besonderes".

Und doch – wenn wir das seltene Privileg haben, nah bei einem/r Heiligen zu sein, dann merken wir vielleicht, dass er/sie irgendwie ganz normal erscheint. Und was ist mit Gott selbst? Ist Gott besonders? Gott ist in der Erde, im Wasser, im Feuer, in der Luft und im Äther. Er transzendiert alle Dinge. Er ist allen Dingen innewohnend. Es ist schwierig, etwas Besonderes an Gott zu finden, denn Er ist überall gleichermaßen gegenwärtig.

Unser Problem ist, dass wir nicht gewöhnlich sein wollen. Wir wollen etwas Besonderes sein. Wenn wir uns anschauen, werden wir jedoch feststellen, dass die meisten Dinge unseres Lebens gar nicht besonders sind.

Hungrig oder durstig zu sein ist nichts Besonderes, schlafen zu wollen ist nichts Besonderes. Der Sexualtrieb ist nichts Besonderes. Geachtet sein zu wollen ist auch nichts Besonderes. Sogar Gott zu wollen ist nichts Besonderes. All dies haben wir gemeinsam – einiges mit dem gesamten Tierreich, einiges mit allen Menschen und einiges mit allen Suchern.

Wenn wir uns erlauben, darüber zu meditieren, können wir merken, wie unsere Vorstellung des „Besonders-Seins" dahinschmilzt, und das ist eigentlich ein Schmelzen des Ego.

Wenn wir diese Meditation aufrechterhalten, dann beginnen wir Einheit mit allen Menschen zu spüren, mit dem ganzen Tierreich und sogar mit der ganzen Natur. Wir beginnen uns „gewöhnlich" zu fühlen.

Dann müssen wir uns entscheiden: Was ist besser? Sich besonders zu fühlen oder sich gewöhnlich zu fühlen? Wir müssen klar erkennen, dass eine Kraft in uns ist, welche sich besonders fühlen möchte. Apropos, sogar das ist ganz gewöhnlich – jeder möchte sich als etwas Besonderes fühlen. Aber da ist ebenso etwas in uns, das den großen Frieden und die Überlegenheit des „Gewöhnlich-Seins" bemerkt.

Das ist ein täglicher Kampf, dem wir uns stellen müssen. Wollen wir etwas Besonderes sein mit allen Problemen, die dazu gehören oder wollen wir gewöhnlich sein mit dem Gefühl von Harmonie und Frieden? Jeder von uns muss sich dieser Entscheidung und diesem Kampf stellen. Sogar dieser Kampf ist nichts Besonderes. Es ist ein gewöhnlicher Kampf, welchem alle von uns begegnen. Aber wenn wir einen Weg zur Befreiung verstehen wollen – oder einen Weg, Befreiung zu verstehen – dann müssen wir entschlossen sein, unsere Besonderheit aufzugeben und die Normalität der Heiligen und Gottes anzunehmen.

***

14.
Nicht stören!

In der „Bhagavad-Gita“ erzählt Krishna uns, dass in dieser Welt nur einer von Tausenden Ihn sucht. Und von den wenigen, die Ihn suchen, finden Ihn nur wenige. Als Suchende ist diese Tatsache sehr wichtig für uns, denn jeder von uns möchte einer von diesen wenigen sein, die Ihn finden.

Als Grund, warum wir nicht fähig sind, Gott zu finden, gelten im Allgemeinen unsere Wünsche, denn unsere Aufmerksamkeit wird durch die Sinnesobjekte nach außen gelenkt. Aber auch wenn wir mit Gottes Gnade fähig sind, unsere Sinne unter Kontrolle zu bringen, gibt es noch das Verlangen nach Anerkennung. Und auch wenn das besiegt ist, gibt es noch das Am-Leben-Klammern, das Sich-Klammern an die Identifikation als menschliches Wesen.

Grundsätzlich ist es so – wenn wir es uns bildlich vorstellen wollen –, als wenn jeder mit einem Schild vor der Brust herum läuft, auf dem steht „Nicht stören!“ Gleichgültig wie ernsthaft wir in unserem spirituellen Leben sind, egal wie sehr wir Gott wollen, es gibt einen Bereich in uns, der sagt: „Nicht stören!“ Wir sehen diese Eigenheit in der ganzen Menschheit. Niemand will sich verändern. Keiner will gestört werden. Und so wie wir es in der Welt sehen, sehen wir es auch im spirituellen Leben. Vielleicht erklärt das auch, warum wahre *Gurus* manchmal in einer Art und Weise handeln, die empörend zu sein scheint. Es ist, als hielten sie es für notwendig zu stören.

Warum wollen wir nicht gestört werden? Und warum ist es notwendig, dass wir gestört werden? Vielleicht weil es unter allen Gründen, die wir kennen und die uns davon abhalten, das Ziel zu erreichen, ein grundlegendes Anhaften an die Identität als menschliche Wesen gibt. Wir können nicht begreifen, dass wir in der Essenz kein menschliches Wesen sind. Deshalb bedeutet unser Suchen auch immer, etwas als menschliches Wesen zu erreichen; unser Suchen nach Gott geht nicht in die Richtung, unsere menschliche Identifikation aufzugeben.

Und solange wir die Richtung nicht wechseln, solange wir nicht bereuen – das heißt „umkehren“ – solange wir nicht in die andere Richtung schauen, ist unser spirituelles Leben nicht wirklich spirituell. Es wird nur spirituell, wenn wir entschlossen sind, unsere menschliche Identifikation aufzugeben. Und Tatsache ist, dass wir zwar die Worte sagen mögen, aber im Grunde haben die meisten von uns absolut keine Absicht, ihre menschliche Identifikation aufzugeben.

Deshalb müssen wir schockiert werden, wir müssen gestört werden, weil wir eine innere Mauer um uns bauen, die sagt: „Störe nicht meine menschliche Identifikation. Alles andere werde ich ändern. Ich verlasse mein Zuhause. Ich verlasse meine Familie. Ich gebe meinen Reichtum auf. Ich gebe meinen Ruhm auf. Ich werde alles aufgeben. Aber meine menschliche Identifikation bin Ich. Störe nicht!“

Aber wenn Gott oder der spirituelle Lehrer uns wirklich helfen wollen, dann müssen sie uns auf irgendeine Weise stören. Es ist das Letzte, was wir wollen, aber es ist der größte Segen, der uns geschehen kann.

* * *

15.
„Spiritueller Extremismus“

Eines der seltensten Phänomene, die es auf Erden gibt, ist ein Individuum, das ohne eigene Anstrengung plötzlich zum Heiligen wird. In diesem Jahrhundert gibt es zwei außergewöhnliche Beispiele: Anandamayi Ma, die anscheinend verwirklicht geboren wurde und Ramana Maharshi, der im Alter von siebzehn Jahren mit einem Mal von einem normalen Schuljungen zu einem verwirklichten Heiligen wurde. Aber abgesehen von diesen seltenen Ausnahmen sind die meisten unserer großen Heiligen dem Vorbild von Ramakrishna, Swami Sivananda oder Papa Ramdas gefolgt. Sie gingen durch eine Zeit intensivsten *Sadhanas*, fast unglaublichen *Sadhanas*. Sie gingen durch eine Zeit, die wir vielleicht „spirituellen Extremismus“ nennen würden.

Es ist wichtig für uns, diese Tatsache zu verstehen. Es erklärt vielleicht, warum es so viele fromme Leute in der Welt gibt und so wenige Heilige. Vielleicht, weil so wenige fromme Leute zu diesem spirituellen Extremismus berufen werden.

Was ist die Essenz von „spirituellem Extremismus“? Lasst uns zuerst überlegen, was alles dazu gehört, ein frommer Mensch zu sein. Fromm zu sein bedeutet, dass jemand an sich gearbeitet hat, sich gereinigt hat. Vielleicht sind solche Menschen sogar zu dem Punkt gekommen, dass sie immer die Gegenwart Gottes fühlen. Vielleicht haben sie großes Charisma und viele Anhänger, aber der letzte Funken fehlt. Sie sind fromm, aber keine Heiligen. Sie sind nicht durch diese Phase des „spirituellen Extrems“ gegangen.

Was ist „spiritueller Extremismus“? Es ist eine Zeit, in der nichts außer Gott wichtig ist. Es gibt dann Gott, Gott und nur Gott. Es ist eine Zeit, in der der Suchende erkennt, dass nichts ist außer Gott und dass er niemals wirklich Gott kennen kann, wenn er weiter an seiner persönlichen Identifikation festhält. Während fromme Leute in Gott versunken sind, sind sie immer noch da, kennen und fühlen Gott. In einem Heiligen ist nichts mehr übrig; es gibt keine Unterschiede mehr.

Die wenigen Menschen, die zu Heiligen wurden, sind durch eine solche Zeit des spirituellen Extremismus gegangen, in der sie sich zu ihrem persönlichen „Tod“ entschlossen haben. Sie haben sich entschlossen, dass nichts von ihnen übrig bleibt, das Gott erkennen könnte, weil sie entschlossen sind, Gott zu werden. Das Einzige, was sie wollen, ist, als Person zu verschwinden, damit Gott allein bleibt.

***

16.
Den göttlichen Willen ausdrücken

Früher begann Gurudev all seine Bücher mit der Ermahnung: „Der Zweck des Lebens ist Selbstverwirklichung." Daher fragt man sich, warum Gurudev seine Vereinigung nicht die „Selbstverwirklichungsgesellschaft" genannt hat, statt die „Göttliches-Leben-Gesellschaft" (DIVINE LIFE SOCIETY) und warum er soviel Betonung auf „Sei gut und tue Gutes" legt.

Wenn man Swamijis Lehren zusammenfassen wollte, könnte man sagen: „Du bist göttlich. Erkenne diese Wahrheit und bringe sie in deinem täglichen Leben zum Ausdruck." Und im „Vater Unser" sagt Jesus: „Dein Reich komme. Dein Wille geschehe wie im Himmel so auf Erden.", was nahe legt, dass unser letztliches Ziel hier auf Erden nicht ist, unseren Willen auszuführen und nicht einmal oder gar Gottesverwirklichung zu erreichen, sondern Gottes Willen auszudrücken.

Also fragen wir uns, ob wir die richtige Sichtweise auf unseren Sinn und unser Lebensziel haben. Denn wenn wir immer noch denken: „Ich will Selbstverwirklichung oder ich will göttlich sein", dann mag das doch nicht das letzte Ziel sein. Vielleicht ist es ein Mittel zum Zweck, ein göttliches Leben zu führen und die Göttlichkeit, welche wir sind, zum Ausdruck zu bringen, um Gottes Willen auf Erden zu tun.

Unsere Lehrer sagen uns, die Quelle unseres Leidens seien Wünsche – unseren Willen ausführen, Befriedigung für uns suchen. Das müssen wir entdecken und allmählich darauf verzichten. Sogar wenn wir Selbstverwirklichung für uns suchen, müssen wir auch darauf verzichten, bevor die eigentliche Verwirklichung stattfinden kann.

Wenn wir den Königsweg zum Lebensziel kennen möchten, kann er vielleicht zusammengefasst werden als: „Nicht mein Wille sondern Dein Wille geschehe." Sicherlich ist der Zweck des Menschen, als das zu wirken, was er sein sollte, nämlich das Ebenbild Gottes auf Erden. Das zu sein bedeutet, ein Kanal für den Willen Gottes auf Erden zu sein – wir werden zum Instrument Gottes.

Wenn wir nach einem sehr einfachen Weg zum Göttlichen suchen, wäre es also der, unser ganzes Wesen – unser ganzes Denken, Wollen und Fühlen – darauf zu konzentrieren, Gottes Willen auszudrücken statt unseren eigenen.

Wir müssen sehen, dass der Versuch, unsere Bedürfnisse zu befriedigen, der Grund unseres Leides ist. Das Konzentrieren all unserer Energie auf das Erfüllen von Gottes Willen anstatt unseres eigenen wird uns völlige Befriedigung geben und wir werden feststellen, dass wir so das Ziel erreicht haben, das wir anderswo gesucht haben.

***

17.
Karma Yoga

Die meisten Yogastile haben ihre eigene Lehrtradition, Lehrer und entsprechende Bücher. Sie sind recht gut definiert und verstanden. Von *Karma Yoga*, dem selbstlosen Dienen, kann man das nicht sagen. Es gibt einige Institutionen, in welchen selbstloser Dienst die einzige vorgeschriebene Praxis für die Bewohner ist. Oft gibt es gar keine Gelegenheit, andere Yogastile zu üben. In anderen Institutionen wird *Karma Yoga* als Vorübung abgetan, wenn es überhaupt als Yoga anerkannt wird.

Im Sivananda Ashram bzw. in der DIVINE LIFE SOCIETY gibt es keines dieser Extreme. *Karma Yoga* wird nicht nur als einer der vier Hauptyogastile angesehen, sondern hat einen einzigartigen Stellenwert, der für uns Suchende zu erkennen wichtig ist.

Gestern beschrieb Swamiji *Karma Yoga* als die Grundlage spirituellen Lebens. Er hat Gurudev zitiert: „Gib niemals selbstloses Dienen auf." Und tatsächlich, wenn wir sehen, was das Leben der Großen uns zeigt – scheint der ganze Zweck alldessen, was sie erreicht haben, zu sein, dieses im selbstlosen Dienen auszudrücken.

Wenn wir selbstloses Dienen vom breitesten Blickwinkel aus betrachten, sehen wir, dass es alle anderen Yogastile einschließt, um es richtig zu tun. Und was von äußerster Wichtigkeit ist: es schließt sie so ein, dass es die anderen Yogastile auf eine Ebene bringt, wo sie eine praktische Bedeutung für unser Leben haben.

In unserem spirituellen Leben benötigen wir Hingabe und einen konzentrierten, verständigen Geist. Aber wenn unsere Hingabe, Konzentration und Verständnis auf unseren Meditationsraum beschränkt sind, haben sie keinen großen praktischen Wert für uns. Was wirklich zählt, ist unsere Fähigkeit, sie in unser alltägliches Leben und unsere Arbeit zu bringen.

Das Geheimnis von *Karma Yoga* ist, zu spüren, dass das Universum durch uns wirkt, indem wir dem Universum dienen. Wie Swamiji hier an einem Morgen sagte: „Wenn ich zu euch spreche, spricht das Unpersönliche zum Unpersönlichen."

So sollte es auch bei unserem selbstlosen Dienen sein – das Unpersönliche sollte dem Unpersönlichen dienen. Sich daran zu erinnern erfordert einen konzentrierten Geist, Hingabe und Verständnis. Daher braucht es alle Yogastile, um guten selbstlosen Dienst zu leisten.

Aber eine Frage bleibt: Was ist, wenn wir keine Gelegenheit zu dem haben, was wir normalerweise unter „selbstlosem Dienst" verstehen, z. B. Kranken und Bedürftigen zu helfen? Vielleicht sind wir eine vielbeschäftigte Hausfrau oder in unserem Beruf total ausgelastet, den Lebensunterhalt zu verdienen oder vielleicht sind wir schon älter. Aber ungeachtet unseres Berufs und unseres Alters handeln wir.

Soweit es *Karma Yoga* betrifft, macht es nicht wirklich einen Unterschied, ob wir die Gelegenheit haben, anderen ohne Gegenleistung zu dienen oder nicht. Das Geheimnis ist, das, was wir tun, mit Hingabe, Konzentration und Verständnis zu tun. Ob wir Kartoffeln schälen, einen Computer benutzen oder Kinder betreuen, wir sollten das innere Verständnis und Gefühl haben, dass es das Universelle für das Universelle tut. Das ist das wahre Geheimnis von *Karma Yoga* und das gibt ihm einen einzigartigen und hohen Stellenwert im spirituellen Leben.

* * *

18.
Das Geniale an Gurudevs unorthodoxen Lehren

Gurudev war gleichzeitig orthodox und unorthodox. Er war sehr orthodox im Einhalten der üblichen religiösen Feste und Sitten. Sie wurden so perfekt durchgeführt, wie es ihm nur möglich war. Unorthodox war, dass er die heiligen Lehren so verbreitete, wie es vor ihm noch nie jemand getan hatte. Er war auch unorthodox darin, dass er neue Besucher nicht gründlich überprüfte. Er pflegte sogar zu sagen: „Bringt mir die Schurken, dann gibt es einen Schurken weniger auf der Straße."

Gurudev war also orthodox und unorthodox in seinen Lehren. Es ist nichts Unorthodoxes an: „Diene, liebe, gib, reinige dich, meditiere, verwirkliche. Sei gut. Tue Gutes. Sei freundlich. Sei mitfühlend. Erforsche, wer bin ich? Erkenne dein Selbst und sei frei." Diese Lehren haben Parallelen in fast allen Traditionen.

Aber dann, wenn du gerade denkst, du kommst mit Gurudevs Lehren gut klar, erklärt er mitten in seinem Büchlein „20 wichtige spirituellen Anweisungen": „Selbstsicherheit ist die höchste Tugend." Das scheint sehr befremdlich, nachdem er vorher schon so viele Tugenden aufgelistet hat, von denen jede höher zu sein scheint als Selbstvertrauen. Gurudev sagt dann auch noch: „Ertrage Beschimpfungen, ertrage Kränkungen, [das ist] höchstes *Sadhana*!" Nachdem er die vier wichtigsten *Sadhanas* (Diene, liebe, meditiere, verwirkliche) im Emblem der DIVINE LIFE SOCIETY festgelegt hat, erwartet man, dass Gurudev eines davon als höchstes *Sadhana* bezeichnen würde. Aber nein, er nennt das Ertragen von Beleidigungen und Kränkungen als höchstes *Sadhana* und Selbstsicherheit als höchste Tugend.

Vielleicht liegt darin eine echte Botschaft für uns. Wir fühlen uns behaglich im Orthodoxen, aber es berührt uns nicht wirklich da, wo wir leben. Aber wenn uns jemand beleidigt oder verletzt, dann berührt es uns da, wo wir wirklich sind. Wir können es nicht ignorieren, es berührt unseren Kern. Beleidigungen und Verletzungen zu ertragen, konfrontiert uns mit unserem grundlegendsten inneren Faktor – unserem Ego.

Wir können in der Welt sehr schlau sein. Wir können über weite Strecken Konfrontationen und Konflikte, die uns tief schmerzen würden, vermeiden. Aber wenn uns jemand beleidigt oder beschuldigt, dann legt er diesen Teil von uns bloß, welchen wir gehütet haben – unser Ego – den Teil von uns, den wir gut verstehen und letztlich auflösen müssen.

Ähnlich wenn wir uns auf andere Leute verlassen, auf unsere Familie oder eine Institution und sie uns fallen lassen, dann kann uns das vernichten. Selbstvertrauen übt uns darin, uns auf den Teil von uns zu verlassen, der das Ego transzendiert, unser wahres Selbst.

Gurudev war wirklich ein Genie als Lehrer. Er gab uns alle traditionellen Belehrungen, aber die Essenz seiner Genialität finden wir in den unorthodoxen Maximen: Selbstsicherheit ist die höchste Tugend. Beleidigungen und Kränkungen zu ertragen ist höchstes *Sadhana.*

* * *

19.
Wir sind die Welt

Die Menschen auf der ganzen Welt unterscheiden sich durch vielerlei Merkmale, aber es gibt eine Sache, die wir alle gemeinsam haben, nämlich die fundamentale Überzeugung, dass wir vom Rest der Welt getrennt sind. Die Aufgabe, welche sich die Schriften und großen Lehrer vorgenommen haben, ist die beschwerliche Arbeit, uns von etwas anderem zu überzeugen – uns auf einen Weg zu führen, auf welchem wir selbst erkennen, nicht intellektuell, nicht emotional, sondern in der Tiefe unseres Wesens, dass es nicht so ist, dass wir nicht getrennt sind, dass alles Eins ist.

Einer der großen spirituellen Lehrer des 20. Jahrhunderts, J. Krishnamurti, hatte seine eigene Art, diese Wahrheit auszudrücken, z. B. mit dem kurzen Aphorismus: „Du bist die Welt." Die wirkliche Bedeutung dieses Satzes in ihrem höchsten Sinn kann nur jemand wie Krishnamurti oder ein anderer großer Lehrer erkennen. Im einfachen Sinne können wir annehmen, dass wir die Welt sind, insofern als wir und die Welt aus fünf Elementen (Erde, Wasser, Feuer, Luft, Äther) bestehen. Aber als Suchende interessiert uns der Geist, welcher sowohl die Ursache unserer Bindung als auch die Ursache unserer Befreiung ist. Sind wir also auch in Bezug auf unseren Geist die Welt?

Es gab einen großen (deutsch-)amerikanischen Psychologen namens Erich Fromm (1900-1980). Zu seiner Größe hat wahrscheinlich teilweise die Tatsache beigetragen, dass er als deutscher Jude einige Jahre im Konzentrationslager verbracht hat, wo er die Extreme der menschlichen Natur kennenlernte. Später machte er eine bezeichnende Aussage. Er sagte: „Ein Mensch, der sich unter sachgerechter Führung in psychiatrische Behandlung begibt, wird in sich die Tiefen der Verdorbenheit und die Höhen der Heiligkeit entdecken." Mit anderen Worten: Es gibt in uns, zumindest potentiell, die gesamte Breite an Lust, Gier, Hass, Ärger und Eifersucht. Genauso gibt es in uns das Potential für alle göttlichen Tugenden, welche Gurudev uns gelehrt hat und für welche wir beten sollen.

Das zeigt uns etwas sehr Wichtiges, worauf nur sehr wenige von uns vorbereitet sind: Es scheint, als ob es psychisch für uns nicht möglich ist, das Höchste und Heilige in uns anzuerkennen, wenn wir nicht auch die Tiefen der Verdorbenheit in uns sehen und zugeben. Mit anderen Worten, weil wir an unserer Individualität, an unserem Getrennt-Sein und an unserer begrenzten Vorstellung von uns selbst hängen, erkennen wir nicht das Potential der ganzen Welt in uns, weder das Gute noch das Böse. Wir haben einen zu kleinen Blickwinkel davon, wer oder was wir sind. Wie kann sich unser Bewusstsein zur Unendlichkeit ausdehnen, wenn wir uns sträuben, es sich ausdehnen zu lassen?

Aber bevor es sich zum Himmel ausweiten kann, müssen wir auch die Hölle sehen, welche ebenfalls da ist. Swamiji sagte uns, wir müssen uns beider bewusst sein, der *Avidya Maya* und der *Vidya Maya* in uns, also dessen, was uns von Gott weg führt und was uns zu Ihm hinführt.

Nur bevor wir frei sind, eine Entscheidung zu treffen, müssen wir erkennen, was da ist. Wir müssen erkennen, dass wir ein Mikrokosmos der ganzen Welt sind. Wir sind die Welt. Das umfasst Himmel und Hölle und auch das, was jenseits davon ist.

* * *

20.
Der Wahrheit ins Gesicht sehen

Nichts ist grundlegender für das spirituelle Leben als Wahrheit. Wenn wir hier jeden Morgen sitzen, machen wir dies, um in uns zu gehen und die Wahrheit zu erforschen.

Wenn wir unseren täglichen Geschäften nachgehen, sollten wir in all unseren Worten und Taten Wahrheit und Ehrlichkeit üben. Aber so wichtig diese beiden Aspekte der Wahrheit auch sein mögen, die wichtigste Übung der Wahrheit ist, wahrheitsgetreu und aufrichtig mit sich selbst zu sein.

Es geht nicht nur darum, dass wir unsere Schwächen nicht wahrheitsgetreu und ehrlich anschauen. Wir sehen auch unsere Situation in der Welt nicht so, wie sie ist, vom philosophischen und kosmischen Gesichtspunkt aus. Wir wollen die großen Wahrheiten nicht erkennen. Wir wollen ihnen nicht ins Gesicht sehen.

Es gibt zwei grundlegende Wahrheiten, die wir zögern, anzuerkennen: Die erste ist die Tatsache, dass es keine Möglichkeit gibt, dauerhaftes Glück von dieser Welt zu bekommen. Wenn wir ehrlich sind, ist das, was wir wirklich suchen, uns ein bisschen angenehmer zu fühlen als jetzt. Wir glauben weiterhin, dass wir irgendwie Glück in dieser Welt finden können. Unser Motto ist nicht „Ich bin *Brahman*“, unser wirkliches Motto ist „Wenn nur ... “. „Wenn ich nur dieses Problem nicht hätte, wäre ich glücklich.“ oder „Wenn ich nur das bekommen könnte, wäre ich glücklich.“ etc. Das ganze Leben sagen wir: „Wenn nur ... “, so sagen wir uns, „Wenn ich nur dies oder jenes hätte, dann wäre ich glücklich“. Aber die Schriften und die Weisen erzählen uns, dass wir niemals Glück von dieser Welt bekommen werden. Wenn wir also die Wahrheit wollen, müssen wir uns mit dem Gedanken anfreunden, dass das Glück, welches wir suchen, niemals in der Welt zu finden ist.

Die andere Wahrheit, die wir nicht sehen wollen, ist, dass wir genau jetzt das sind, was wir suchen. Wir sind perfektes Glück und zwar jetzt.

Swamiji sagt ständig: „Es ist dein Geburtsrecht" – das bedeutet, dass wir Menschen als Ebenbild Gottes geboren wurden, dass wir jetzt göttlich sind. Aber diese Wahrheit anzuerkennen ist eine zu große Anforderung an uns. Solange wir diese Wahrheit als eine Hoffnung behalten können, fühlen wir uns besser.

Wie auch immer, unsere Erlösung hängt von uns ab, davon, dass wir diese großen Wahrheiten einsehen. Wir müssen die Ganzheit aller Dinge dieser Welt erkennen. Es kann keinen Kompromiss geben wie „Wenn dies oder jenes nur etwas besser laufen würde, dann wäre ich glücklich. Wir müssen erkennen, dass das Glück, das wir suchen, nur in unserem Selbst liegt. Die Wahrheit ist simpel, aber in der Wahrheit liegt Vollkommenheit und unsere Erlösung.

***

21.
Das Heldenhafte in uns

Heute ist der Jahrestag von Mahatma Gandhis Geburtstag[1]. Gurudev soll gesagt haben, dass nur alle 500 Jahre ein solcher Mensch auf die Welt kommt. Vor fast zwanzig Jahren (1982) erschien der Monumentalfilm „Gandhi“ des britischen Filmemachers Richard Attenborough weltweit in den Kinos. Der Film wurde mit zwölf Nominierungen und acht Oskars des ACADEMY AWARD OF MERIT ausgezeichnet. Ein Kritiker erwähnte, dass diese Auszeichnungen weniger der Aufmachung des Films zu verdanken war, sondern dem Thema selbst.

Wie kommt es, dass Mahatma Gandhi eine weltweite Anziehungskraft ausübt? Und wie kommt es, dass jemand wie Martin Luther King[2] – der den Schwarzen in Amerika mehr geholfen hat als sonst jemand in der modernen Zeit (Stand 2001)[3] – sein Leben und seinen Ansatz nach dem Vorbild von Mahatma Gandhi geformt hat? Wie kann eine Figur, die alles zu repräsentieren scheint, was wir nicht wollen, eine solche Resonanz in unseren Herzen finden? Niemand von uns will ins Gefängnis. Niemand will riskieren, geschlagen zu werden. Niemand möchte ohne Eigentum leben. Wie kommt es dann, dass jemand, der das alles lebt, so universellen Anklang findet? Die einzig mögliche Antwort ist, dass es in jedem von uns etwas Heldenhaftes gibt – auch wenn wir in erster Linie an unserer Bequemlichkeit interessiert sind, auch wenn ein Teil von uns für nichts und niemanden etwas opfern will.

Wenn Mahatma Gandhi uns anspricht, muss etwas von ihm auch in uns sein. Wenn Gurudev uns erreicht, muss etwas von Gurudev auch in uns sein. Warum erkennen wir das Heldenhafte in uns nicht? Vielleicht sind wir zu beschäftigt mit unseren Wünschen nach Bequemlichkeit und unserem Wunsch, jemand zu sein.

Was ist nun unsere beste Handlungsweise? Erstens müssen wir die gute Nachricht entdecken – das Heldenhafte in uns. Wir müssen entdecken, dass die Anziehungskraft von Gurudev, Mahatma Gandhi und den

Geschichten der Heiligen darin gründet, dass wir den Helden in uns bergen und dass dieser für das Höchste alles geben will.

Also müssen wir in uns selbst hineinschauen und alle Dinge aufdecken, die unser Heldenhaftes verdecken und tarnen.

Wir müssen erkennen, dass wir Dingen nachjagen und von ihnen vereinnahmt werden, welche nicht nur unheroisch sind, sondern auch niemals liefern können, was sie versprechen. Sie versprechen uns das Glück, das wir wollen, aber durch Selbstbeobachtung und Analyse müssen wir zugeben, dass sie ihre Versprechungen nie einlösen können.

Wenn wir das eingesehen haben und einmal das Heldenhafte in uns erkannt haben, dann entdecken wir, dass es das ist, worum es im spirituellen Leben geht: Es geht darum, das Heldenhafte im Inneren zu nähren und für alles leidenschaftslos zu sein, was nicht heldenhaft ist.

***

22. Du willst nicht loslassen

Vor vielen Jahren, als ich erst kurze Zeit hier (im Sivananda Ashram) war, hatte ich körperliche Probleme. Swamiji wusste davon und eines Tages sagte er: „Dein Problem ist zwar real, aber es ist ein grundsätzliches, denn du willst nicht loslassen."

Wie bei vielen Bemerkungen, die Swamiji macht, kann es Jahre dauern, bis man wirklich versteht, worauf er hinaus will.

Damals gab es für mich anscheinend eine Menge loszulassen - Besitz, Familie, Zuhause, Land und so weiter. Aber wenn Gurudev sagt: „Nichts gehört mir, ich bin weder Verstand noch Körper, unsterbliches Selbst bin Ich", bekommen wir eine Idee davon, dass die äußeren Dinge loszulassen einfach eine Vorbereitung ist für das, was innen loszulassen ist. Das macht es einfacher, aber die wirklich schwierige, erforderliche Aufgabe hat damit noch kaum begonnen.

Was bedeutet es, dass wir nicht loslassen? Es ist schwierig, alles zu verstehen, was es beinhaltet. Aber eine einfache Weise, es auszudrücken, ist: Egal, was wir aufgeben, wir wollen die Kontrolle behalten. Auf einer groben Ebene wollen wir die Umstände und die Leute um uns kontrollieren. Auf einer feineren Ebene wollen wir die Kontrolle über unser Leben nicht aufgeben. Etwas in uns sagt: „Das ist mein Leben, es gehört mir."

Das ist die Essenz des Egos. Das ist die Essenz des Getrennt-Seins. Da liegt das grundlegende Problem, mit dem wir uns wirklich befassen müssen. Man könnte sagen, dies ist das Herz des Problems, alles andere Loslassen ist nur eine Vorübung. Wenn wir bereit sind, direkt zum Herzen des Problems vorzudringen, werden die zweitrangigen Vorbereitungen von selbst wegfallen.

Darauf wollen uns die bekannten Sätze hinweisen: „Lass los und überlass es Gott", „Gib auf und vertraue", „Nimm Zuflucht zu Mir allein, indem Du alle *Dharmas* verlässt."

Aber es gibt einen Punkt, den Swamiji sehr klar macht in seinem Buch „Ponder These Truths" („Erwäge diese Wahrheiten"), in dem Kapitel „Surrender" („Aufgeben"): Was geben wir auf/ lassen wir los/ lösen wir? Es ist das Ich-Gefühl oder, wie wir es heute Morgen nennen, das Verlangen nach Kontrolle. Es bedeutet in keinster Weise, dass wir uns von der Verantwortung abwenden. Es heißt in keinster Weise, dass wir uns schlafen legen und alles andere machen lassen. Tatsächlich bedeutet es genau das Gegenteil. Zum ersten Mal im Leben sind wir wirklich aufmerksam, wach und übernehmen die volle Verantwortung.

Das ist ein Geheimnis, das jeder für sich selbst entdecken muss. Aber es ist das Herz des spirituellen Lebens und deshalb werden wir früher oder später Swamijis Worte hören müssen: „Es ist, weil du nicht loslassen willst."

***

23.
Mit dem Herzen hören

Swamiji sagte gestern, wenn wir ihm zuhören wie einem Menschen, kann uns die Botschaft nicht erreichen. Wir müssen erkennen, dass das Universelle zum Universellen spricht. Oder wir könnten sagen, das Überpersönliche zum Überpersönlichen. Diese Aussage ist eine Erinnerung daran, dass wir tatsächlich immer das Universelle und Überpersönliche waren, sind und sein werden, egal was unser Verstand uns sagt, wer wir sind. Das bedeutet: Es ist wie jeder von uns jetzt und hier gegenwärtig.

Warum ist das nicht verwirklicht? Weil wir dem Persönlichen statt dem Unpersönlichen Aufmerksamkeit schenken. Der Zweck all unseres *Sadhanas* ist, unsere Aufmerksamkeit vom Persönlichen zum Unpersönlichen, zum Universellen, zu lenken. Gibt es eine Weise, das zu üben, sodass, wenn Swamiji spricht, die Botschaft wirklich eingehen kann? Es bedeutet: Wir müssen mit dem Herzen hören statt mit dem Kopf.

Was bedeutet das, „mit dem Herzen hören statt mit dem Kopf"? Wenn wir mit dem Kopf hören, hören wir mit unserem Verstand, welcher voller Vorstellungen ist - manche dieser Vorstellungen sind relevant, andere ablenkend. Jedenfalls geht die Botschaft nicht weiter als bis zum Hirn. Wenn wir mit dem Herzen hören, hören wir mit dem Verstand, der eine Nachahmung jenes „Verstandes ist, der kein Verstand ist", den Gurudev beschreibt. Es ist ein Geist frei von kritischen, analytischen oder zerstreuten Gedanken. Es ist der frische Geist eines Kindes, das sehr aufmerksam ist, aber keine analysierenden, kritisierenden oder ablenkenden Gedanken hat. Das Hirn nimmt die Botschaft auf und das ist alles. Deshalb kann die Botschaft direkt ins Herz gehen.

Im Allgemeinen sind wir nicht fähig, mit dem Herzen zu hören, weil wir es nie geübt haben. Wir haben nicht bemerkt, wie unbeständig unser Geist ist, obwohl Swamiji und Gurudev uns oft darauf hingewiesen haben. Wir haben unseren Geist, seine Gedanken und die angenommenen Wahrheiten nicht überprüft und gefragt: „Sind sie wahr?" Wenn wir das tun, kommen wir zu einigen schockierenden Entdeckungen. Wir werden entdecken, dass die meisten Gedanken unseres Geistes reine Fantasiegebilde sind, die auf ungeprüften Annahmen basieren. Tatsächlich werden wir eine unglaubliche Wahrheit finden, wenn wir unseren Geist tiefgehend prüfen – es ist fast alles ein Fantasiegebilde.

Vielleicht ist das ein Grund, warum der *Manas*[4] eines Heiligen oft zum Nicht-Manas wird, dadurch, dass er oder sie den menschlichen Geist so gesehen hat, wie er ist und ihn transzendiert hat. Heilige wirken von ihrem Herzen aus. Wie Swamiji einmal zu jemandem sagte: „Ich habe einen Intellekt, aber ich ziehe es vor, von meinem Herzen aus zu wirken."

***

24.
Die Gegenwart Gottes sehen

Gurudev war ein sehr praktischer spiritueller Lehrer. Er verbrachte nicht allzuviel Zeit damit, über die feineren Wahrheiten des *Vedanta* zu sprechen. Er neigte mehr dazu, zu sagen: „Tue dies, tue das." Er ging direkt zu unserer Unterkunft (im *Ashram*) und sagte, was wir genau an diesem Tag in unserem spirituellen Leben tun sollen.

Es kann sinnvoll für uns sein, von Zeit zu Zeit darüber nachzudenken, was wir tatsächlich zu erreichen versuchen und zwar nicht in edlen Begriffen des *Vedanta*, sondern in praktischer alltäglicher Terminologie, so wie wir denken. Das erste, worüber wir nachdenken könnten, ist, dass spirituelles Leben eine totale Umkehr von dem bedeutet, wie wir uns selbst, die anderen und die Welt sehen.

Egal, was wir selbst oder andere sagen, die Welt ist für uns eine solide Wirklichkeit. Im Allgemeinen ist sie eigentlich die einzige Realität, die wir kennen. Nun beschreibt sie Swamiji als Null und Nichts, einen Traum, eine vorübergehende Show. Auf der anderen Seite beschreibt er die Realität als unsichtbar, unbekannt, undenkbar. So befinden wir uns scheinbar in einer Zwickmühle. Das, was uns wirklich erscheint, ist nicht wirklich und das, was die Realität ist, ist für uns nicht erkennbar.

Wie können wir denn diese unbekannte Realität angehen, sodass sie wirklich für uns wird – und das, was jetzt real ist, als eine vorübergehende Vorstellung oder einen Traum erkennen? Eines der bevorzugten *Sadhanas* Gurudevs und Swamijis ist, Gott in allen Namen und Formen zu sehen. Aber wenn wir in diese Welt hinausschauen, sehen wir unglücklicherweise einfach eine Welt, wir sehen nicht den unsichtbaren Gott. Gibt es einen praktischen Weg, damit wir den unsichtbaren Gott in der Welt, in den Leuten und Geschöpfen um uns herum sehen können? Warum schauen wir nicht hinter diese Welt und sehen den Prozess darin, der vor sich geht?

Wir alle kennen Edelsteine, Diamanten, Rubine usw. Sind wir uns bewusst, dass alle Edelsteine in sechs Kategorien von Kristallen fallen?

Es gibt eine verborgene Intelligenz, die Kohlenstoff in achteckige Kristalle bringt, die Diamanten genannt werden und Silizium in einen anderen Kristall namens Quarz. Wenn wir eine Blume sehen, sehen wir vom ästhetischen Blickwinkel aus manchmal die Pracht Gottes darin, aber wenn wir auf andere Art schauen, sehen wir eine Intelligenz, die Nährstoffe aus dem Boden in die Pflanze bringt. Wenn wir verletzt werden, gibt es eine unsichtbare Intelligenz, die daran arbeitet, uns zu heilen.

Wenn wir also auf die Prozesse in der Welt schauen, bekommen wir einen Hinweis und ein Gefühl für die unsichtbare Präsenz. Das erfordert keine spezielle spirituelle Erfahrung oder spirituellen Kenntnisse. Es ist etwas, was wir mit unserem Geist und mit unserem Herzen tun können, wenn wir es einfach anwenden. Unsere ganze Aufgabe ist es, die unsichtbare Gegenwart zu sehen und als real anzuerkennen.

Wir können nicht darauf warten, dass sie sich von selbst offenbart. Vielleicht passiert es, vielleicht auch nicht. Ein fortgeschrittener Teil unseres *Sadhana* kann sein, die unsichtbare Präsenz, die unsichtbare Intelligenz im Prozess der Welt und in den Umständen, die uns während des Tages begegnen, zu sehen.

***

25.
Gehorsamkeit

Über das Wort „Gehorsamkeit" hören oder lesen wir nicht viel im spirituellen Leben. Es ist anders als „Reinheit", „Entbehrung", „Nichtverletzen" oder „Wahrhaftigkeit", über die regelmäßig gesprochen wird.

Gehorsamkeit wird natürlich angedeutet. Wenn wir uns als Diener Gottes oder des *Guru* betrachten, wenn wir uns Gott oder dem *Guru* hingeben, dann gehört dazu auch, dass wir gehorsam sein sollten. Aber dies wird nicht groß erwähnt. Deswegen sollten wir genau zuhören, wenn Swamiji immer wieder Gurudev zitiert: „Gehorsam ist besser als Ehrfurcht" oder indem auf das Ende des 18. Kapitels der „Bhagavad-Gita" verwiesen wird: „Lies diese Verse, sie behandeln den Gehorsam gegenüber dem *Guru*."

Wenn wir aber diese Verse wie vorgeschlagen lesen, scheint es, als ob Krishna zu Arjuna sagt: „Ich habe dir das Geheimnis aller Geheimnisse verraten. Denke du nun darüber nach und handle, wie du es wünschst."

Da hier Gehorsam gegenüber dem *Guru* oder Gott nicht klar ausgesprochen wird, gibt es vielleicht etwas, dem wir nachgehen müssen, wenn wir verstehen wollen, worauf sich Swamiji bezieht.

Normalerweise meinen wir mit „Gehorsam" den Gehorsam den Eltern, älteren Menschen oder dem Chef gegenüber. Es ist etwas, das wir natürlicherweise tun oder weil wir das Gefühl haben, wir müssen es tun.

Manchmal gibt es auch so etwas wie „blinden Gehorsam": Wir haben es satt, mit unserem Verstand und der eigenen Unentschlossenheit zu kämpfen. Wenn dann jemand Gehorsam verlangt, hören wir mit dem Kampf auf und sagen: „Ok, ich werde tun, was auch immer du sagst." Oder falls wir einen *Guru* haben, könnten wir sagen: „Er ist Gott, ich brauche nun nicht mehr zu denken, ich gehorche einfach."

Aber ist das „spiritueller Gehorsam"? Ist es das, was Swamiji mit Gehorsam meint? Wenn dies spiritueller Gehorsam ist, warum sollte Krishna dann sagen: „Denke du nun darüber nach und handle, wie du es wünschst“ ? Spiritueller Gehorsam entspringt tiefer Demut. Es ist eine tiefe Anerkennung, dass es Dinge gibt, von denen wir einfach nichts wissen und dass die einzige Möglichkeit, sie herauszufinden, darin besteht, darauf vorbereitet zu sein, alle unsere Vorstellungen davon, was für uns am besten ist, aufzugeben.

Wenn man in diesem *Ashram* zu einem der Älteren geht und sagt: „Ich möchte gern dies oder jenes tun“, so könnte es eine kleine Diskussion geben, aber wenn man auf dem besteht, was man möchte, wird man wahrscheinlich feststellen, dass man es tun darf und obendrein oft noch einen Segen erhält. Später aber stellt man dann fest, dass er es für gar keine gute Idee gehalten hat. So hast du vielleicht gedacht, dass du dem *Guru* oder dem Älteren gehorcht hast, aber du hast dann gemerkt, dass man machen darf, was man will.

Gehorsamkeit im spirituellen Leben ist also weder blinder Gehorsam, noch die Erlaubnis für etwas zu bekommen, was man tun möchte. Es ist eher ein Anerkennen, dass man nicht weiß, was im eigenen höchsten Interesse steht und dass niemand einen zum Gehorsam zwingen wird. Deswegen ist Gehorsam etwas, was du freiwillig und mit aller Intelligenz tust. Tatsächlich ist es nicht nur freiwillig, sondern es ist etwas, wofür man hart arbeiten muß. Alle unsere natürlichen Neigungen verbunden mit der Tatsache, dass niemand uns zum Gehorsam zwingen wird, machen es sehr leicht, ihn zu vermeiden.

Deswegen müssen wir mit großer Demut und Weisheit tief nachforschen, was spiritueller Gehorsam wirklich bedeutet. Wenn wir das tun, werden wir entdecken, dass er die Macht hat, eine mystische Verbindung zum *Guru* und zu Gott zu erschaffen, die von unschätzbarem spirituellem Wert für uns ist.

* * *

26.
Ein Test für Ethik und Moral

Gestern diskutierte Swamiji über Ethik und Moral. Er beschrieb sie als die Grundlage des spirituellen Lebens. Swamiji sprach nicht deshalb darüber, weil er meint, dass wir als Suchende normalerweise unethisch oder unmoralisch sind. Wir haben unsere Ethik und Moral, aber vielleicht sind es eine unanalysierte Ethik und eine ungeprüfte Moral. Denn, wenn wir sie untersuchen würden, kämen wir schnell zu der Feststellung, dass wir die meisten dieser Grundsätze als Erwachsene nicht als Bewährungsproben bestehen mussten.

Zum Beispiel waren wir wahrscheinlich nicht in einem Büro angestellt, wo uns aufgetragen wurde, etwas Unehrliches zu tun und hatten die Wahl zwischen Jobverlust und einer Handlung entgegen unserer ethischen Grundsätze. Wenn wir zu unserer Ethik gestanden hätten und den Verlust unseres Jobs riskiert hätten, wäre unsere Ehrlichkeit getestet worden und das geht sehr tief. Wenn das in verschiedenen Bereichen unseres Erwachsenenlebens passiert ist, wird dadurch das Fundament unserer Ethik und Moral tatsächlich tief gelegt.

Allerdings haben wir die meisten Grundregeln und Normen natürlich als Kinder gelernt und nehmen an, dass sie in Ordnung sind. Aber wenn wir darüber mit anderen Leuten sprechen, wird sich herausstellen, dass wir in den Einzelheiten der Ethik und Moral mit kaum jemandem übereinstimmen. Wie kann man ein spirituelles Leben auf einem Fundament gründen, das keine Grundlage hat, außer dem, was man gerade persönlich glaubt - auf einem Fundament, das nicht geprüft worden ist?

Gibt es denn etwas, das wir als gemeinsame ethische und moralische Basis anerkennen können? Gurudev machte uns etwas sehr deutlich. Er sagte: „Vernichte dieses kleine Ich. Führe ein göttliches Leben." Wenn wir diese Empfehlung prüfen, werden wir tatsächlich erkennen, dass das ganze spirituelle Leben darauf gründet, die Selbstzentriertheit und Selbstbezogenheit aufzugeben, uns mit unserem Ich nicht länger im Weg zu stehen, sodass sich das Göttliche, das immer da ist, manifestieren kann.

Geraten wir also in einen ethischen und moralischen Konflikt, können wir uns diese einfachen Fragen stellen: „Fördert das mein Ego? Bewirkt es, dass ich mich als Individuum wichtiger fühlen kann oder wird es eher mein kleines Ich wegräumen? Kann sich dadurch Gott besser durch mich manifestieren? Denke ich bei diesem speziellen Problem an mich oder denke ich an den Nutzen für andere?"

So finden wir einen Zugang zu Ethik und Moral, der uns eine gemeinsame Basis für das spirituelle Leben gibt. Und wenn wir das üben, wenn wir fortfahren, unsere Individualität und das, was wir wollen, abzulehnen und dem Göttlichen erlauben, sich durch uns zu manifestieren, dann ist es nicht mehr nur ein Mittel, sondern wird schließlich selbst zum Ziel - nämlich ein göttliches Leben zu führen.

* * *

27.
Einen universellen Standpunkt einnehmen

In der Essenz kann man unser Leben als menschliche Wesen auf 2 grundlegende Faktoren reduzieren: Erstens sind wir *Amsas*, Teile von *Paramatma*, dem höchsten Selbst, wir sind Söhne und Töchter des Höchsten. Das bedeutet, dass wir grundsätzlich universelle Wesen sind. Wir sind jenseits von Zeit und Raum. Wir sind nicht in der Welt, die Welt ist in uns. Das ist eine grundlegende Wahrheit über uns.

Der zweite Faktor ist, dass wir, die universellen Wesen, uns mit einem individuellen Körper und Geist identifiziert haben. Weil wir uns mit Körper und Geist identifizieren, fühlen wir uns unvollständig, rastlos und so, als ob etwas grundlegend nicht in Ordnung wäre. Wir versuchen dann, dieses Verlustgefühl zu kompensieren, indem wir uns im Versuch, uns zu vervollständigen, mit äußeren Objekten verbinden – mit einem anderen Menschen, mit Reichtum, mit einer Einrichtung, mit jedem beliebigen Objekt dieser Welt.

Aber alle Objekte sind vergänglich. Sie befinden sich in Zeit und Raum und sie verändern sich. So kann dieser Versuch, uns durch Objekte zu vervollständigen, bei genauer Untersuchung niemals erfolgreich sein. Letztlich erkennen wir, dass die einzige Möglichkeit, ein Gefühl der Vollständigkeit, der Ganzheit zu bekommen, darin besteht, uns zu erinnern, wer wir wirklich sind, d. h. uns mit Gott wieder zu vereinigen. Das ist der Zweck all unserer spirituellen Übungen.

Wenn der Zweck unserer spirituellen Praxis ist, uns zu erinnern, dass wir universelle Wesen sind und keine individuellen Wesen – wäre es sehr sinnvoll, so beständig wie möglich einen universellen Blickpunkt einzunehmen. Lasst uns dies vom moralischen Standpunkt aus betrachten. Angenommen, wir wären versucht, eine Unwahrheit zu sagen statt die Wahrheit. Fragen wir uns selbst: „Wenn jeder Lügen erzählen würde, was wäre das für eine Welt? Und was wäre es für eine Welt, wenn jeder

Mensch die Wahrheit spräche, sodass, egal was jemand sagt, man ihm trauen könnte?“ Und angenommen, jemand hätte uns wirklich Unrecht getan, könnten wir uns fragen: „Wie wäre die Welt, wenn ein jeder in Begriffen von Vergebung denken würde anstatt von Vergeltung, wenn wir Gutes zurückgeben, wo wir Böses empfangen?“

Diese Einstellung können wir auf alle Aspekte des Lebens anwenden. Wenn wir in Versuchung geraten, uns so zu verhalten, dass es nicht mit den Gesetzen der Reinheit zusammengeht, können wir es vom universellen Standpunkt aus betrachten. Wir können uns fragen: „Was wäre es für eine Welt, wenn jeder der Versuchung zur Unreinheit widerstehen und ein vorbildliches Leben führen würde?“

Ein Weg also, uns zu erinnern, wer wir sind, eine Möglichkeit, uns in Richtung unserer universellen Natur zu bewegen, ist, uns ständig zu fragen: „Wie wäre die Welt, wenn jeder sich so verhielte, wie ich es zu tun gedenke? Ich werde alle meine Gedanken und Taten verallgemeinern, was auch immer ich zu tun gedenke. Ich stelle mir vor, wie die Welt wäre, wenn jeder vom universellen Standpunkt aus handeln würde.“

* * *

28.
Die Sinne beherrschen

Eine der Grundlagen des spirituellen Lebens, gleichgültig welcher Tradition, ist die Beherrschung der Sinne. Gurudev verweilte immer wieder bei diesem Thema. Er sorgte sich weniger um die Kontrolle der Sinne des Geruchs oder der Berührung, aber er sagte einiges über Sehen, Hören, Schmecken und Sprechen sowie auch über *Brahmacharya*. Zum Beispiel: „Vermeide es, Zeitungen zu lesen und höre auf, ins Kino zu gehen“ und ich bin sicher, er hätte auch gesagt: „Schau kein Fernsehen.“ Er sagte auch: „Hör nicht auf Tratsch und Geschwätz. Gib dich nicht dem Verleumden hin.“ Er sprach regelmäßig über die Praxis von *Brahmacharya* (sexueller Enthaltsamkeit; Vermeidung von sexuellem Fehlverhalten). Denn *Brahmacharya* in intelligenter Weise zu praktizieren, bedeutet, alle Sinne zu beherrschen.

Aber obwohl Gurudev uns sehr genaue Anweisungen gab, fügte er oft hinzu: „entsprechend deiner Möglichkeit, entsprechend deinem Alter“. Obwohl er uns bestimmte Anweisungen und Regeln gab, gab er die Verantwortung, diese zu interpretieren, an uns zurück. Wir müssen entscheiden, was richtige Beherrschung unserer Sinne ist und was nicht.

Wie machen wir diese Unterscheidung? Swamiji sagte einmal: „Das Ziel des spirituellen Lebens ist, sich auf Gott zu konzentrieren.“ Das kann eine sehr nützliche Richtlinie sein und uns helfen, zu wissen, warum und wie wir unsere Sinne kontrollieren sollten.

Die Frage, die wir uns dann stellen müssen, lautet: „Hilft das, was ich tue, mich auf Gott zu konzentrieren?“ Wenn wir also *Puja* (Verehrungsritual), *Japa* (*Mantra*-Wiederholung) oder *Svadhyaya* (Selbststudium) machen, wenn wir irgendeine spirituelle Praxis üben, wird uns das natürlich helfen, uns auf Gott zu konzentrieren. Aber was passiert, wenn wir ins Kino gehen oder Zeitung lesen, was passiert, wenn wir tratschen oder, schlimmer noch, jemanden verleumden? Wo ist da unsere Konzentration auf Gott? Zumindest ist Zeit verloren gegangen, welche wir für die spirituelle Praxis hätten verwenden können.

Aber das ist nicht das Schlimmste daran. Ist es möglich, Zeitung zu lesen, einen Film zu sehen oder die anderen Sachen zu machen und es dann einfach nur als verlorene Zeit abzutun? Denn leider werden wir feststellen, dass jetzt, wenn wir uns zur spirituellen Praxis hinsetzen, besonders zu den tieferen Praktiken wie Meditation und Achtsamkeit, anstelle von Gott alle Zeitungsartikel, Filmgeschichten und allerlei Geschwätzerinnerungen in unserem Geist auftauchen. Dies ist der wahre Grund, die Sinne zu beherrschen. Wenn wir unsere Sinne nicht unter Kontrolle bringen, ist es fast unmöglich, unsere spirituelle Praxis mit ihrem echten Zweck durchzuführen, nämlich uns mehr auf Gott zu konzentrieren.

Häufig ist der Grund, warum wir Zeitung lesen und ähnliche Aktivitäten tun, der nach außen gerichtete Sog der Sinne. Unsere Sinne wollen nach außen gehen. Sie wollen nicht nach innen. Wie können wir dieses Problem lösen? Eine der besten Übungen ist *Karma Yoga*, das selbstlose Dienen. Der Nutzen von selbstlosem Dienst ist, dass er das Verlangen der Sinne nach außen zu streben, befriedigt. Gleichzeitig aber ist er eine wichtige spirituelle Praxis, wenn er mit der richtigen Einstellung getan wird.

Wenn *Karma Yoga* ernsthaft geübt wird, ist es nicht nur Zeit, in welcher man sich nicht auf andere äußere Dinge konzentriert, sondern er erleichtert es sogar, zu regelmäßiger spiritueller Praxis zu kommen. Unser Geist wird langsam immer feiner und reiner werden – bis er sich letzten Endes nur noch auf Gott konzentrieren möchte.

***

29.
Aus unserem langen Traum aufwachen

Viele unserer Lehrer bezeichnen unseren gegenwärtigen Zustand als einen langen Traum. Sie erzählen uns, dass wir drei Zustände haben: Tiefschlaf, Traum und Wachsein. Aber der Wachzustand sei nichts als ein langer Traum: „Deshalb: erwache, erwache und erkenne, wer du wirklich bist!" Deshalb treiben sie uns dauernd an und benutzen manchmal verschiedene Methoden, uns daran zu erinnern, dass wir aufwachen sollen. Sie sagen uns, wir sollen uns an den Tod erinnern und erinnern uns sogar an die Geschichte eines Heiligen, der auf einer Leiche sitzend meditierte.

An den Tod zu denken, mag uns morbide erscheinen, aber wenn wir es ernsthaft tun, bringt es uns der Wahrheit des Lebens näher. Wir wissen alle, dass wir geboren wurden und sterben werden. Aber wir leben unseren Alltag, als wären dieser Körper und dieser Geist etwas Ewiges. Wenn also Gurudev sagt, wir sollen uns an den Tod erinnern, meint er etwas, was von wahrem spirituellen Nutzen für uns sein kann. Denn wenn wir innehalten und den Tod betrachten, erkennen wir, dass uns nichts davon überzeugen kann, dass wir sterben werden. Es gibt etwas Grundsätzliches in uns, das glaubt, dass wir gelebt haben, bevor wir geboren wurden und dass wir auch nach dem Tod leben werden. Das Problem ist, dass wir uns ein Leben nach dem Tod als ein Leben mit Körper und Geist vorstellen – anstatt zu begreifen, dass das in uns, das davon überzeugt ist, nicht zu sterben, etwas Tieferes und Grundlegenderes als unser Körper und Geist ist.

Wenn Gurudev uns bittet, uns an den Tod zu erinnern, möchte er vielleicht, dass wir selbst diese tiefe Überzeugung finden, dass wir niemals sterben werden. Er möchte, dass wir herausfinden, was es ist, das in uns überzeugt ist, niemals zu sterben. Deshalb ist eine Betrachtung wie diese gar nichts Morbides, sie ist etwas sehr Positives.

Wir müssen uns selbst gegenüber sehr wahrhaftig werden. Wir müssen ernsthaft in uns schauen und darüber meditieren: „Wer bin Ich?“ Wir müssen hinab bis zu den Wurzeln unseres Wesens tauchen und dort etwas entdecken, das mehr ist als dieser vorübergehende Name und diese vorübergehende Form, die wir gegenwärtig nur träumen zu sein.

***

30.
Das Geheimnis des Glücks

In einigen Upanishaden gibt es eine Geschichte, die das großartige Glück beschreiben soll, das wir in Gott finden. Sie beschreiben den idealen Menschen: Er regiert die ganze Welt in vollkommener Gesundheit, alle Macht liegt in seinen Händen, er ist jugendlich und schön. Er hat alles, was du dir vorstellen kannst in dieser Welt zu besitzen. Wenn du dir dieses Glück als ein Stück vorstellst, dann ist das Glück der nächsten Welt das Hundertfache davon. Im Weiteren steigt das Glück jeder höheren Welt hundertfach über das vorherige an und ganz zum Schluss ist das Glück der höchsten Welt nur ein Tropfen im Glück *Brahmans*, des Absoluten.

Das ist eine wundervolle lehrreiche Geschichte, die darstellt, dass wahres Glück in höheren Dingen zu finden ist und schließlich nur in Gott. Aber es gibt noch eine andere Möglichkeit, Glück und Unglück zu betrachten. Unglück gründet im fortwährenden Denken an uns selbst; je mehr wir an uns selbst denken, umso unglücklicher sind wir. Je mehr wir unsere Gedanken von uns selbst weglenken, umso glücklicher sind wir. Wenn zum Beispiel ein Geschäfts- oder Fachmann daran denkt, wie er sich in den Dienst anderer stellen kann, anstatt daran zu denken, wie er ständig mehr Geld für sich machen könnte, dann wird sein Glück wachsen.

Je mehr wir uns in etwas einbringen, das größer ist als wir selbst, desto mehr wächst das Glück und schrumpft das Unglück. Darum ist der Königsweg zum Glück sich Gott hinzugeben, alles aufzugeben, was wir selbst wollen, um Gott zu dienen und ihm zu gehorchen. Deshalb ist die wichtigste Ursache für das Unglücklichsein Dinge für sich selbst haben zu wollen. Darum wird „Begehren" in allen Traditionen als der wichtigste spirituelle Feind des Menschen betrachtet.

Vereinfacht ausgedrückt ist Glück im Leben Folgendes: Wir müssen unseren Geist von uns wegbringen, indem wir uns langsam von unseren egoistischen Wünschen entwöhnen und ihn auf etwas Größeres richten. Unseren Geist auf etwas Größeres in dieser Welt zu richten als auf uns, kann ein wichtiger Schritt sein. Aber es kann unser Problem nicht vollständig lösen. Vielleicht dienen wir einer Familie oder einer Institution, in der wir uns selbst verlieren können. Aber leider vergeht alles in dieser Welt und enthält so die Saat des Unglücklichseins.

Das Einzige, worin wir uns verlieren können, das nicht vergeht und sich nicht verändert, ist Gott. Darum liegt das einzige wahre Geheimnis zum Glück darin, uns Gott hinzugeben. Dies geschieht durch Selbstaufgabe, indem wir Diener Gottes werden, durch das Hören auf Gott und letztlich darin, uns in Ihm zu verlieren.

***

31.
Warum erreichen wir das Ziel nicht?

Wenn Swamiji manchmal über das Ziel des Lebens, die Gottverwirklichung, spricht, stellt er die rhetorische Frage: „Und warum erreicht ihr das Ziel nicht?" Dann fährt er fort: „Weil ihr mehr an den Objekten der Sinne interessiert seid, an den Dingen, die ihr schmecken, fühlen, sehen, riechen und hören könnt. Das hält euren Geist davon ab, nach innen zu gehen."

Wenn wir aber die spirituelle Praxis aufnehmen – wenn wir selbstlosen Dienst anbieten, uns Gott hingeben, meditieren, hinterfragen –, dann kann sich der Geist allmählich von den Objekten der Sinne lösen, wenn wir Glück haben. Und mit den Jahren, wenn unser Leben mehr oder weniger mit diesen lohnenden spirituellen Praktiken erfüllt ist, sollten wir im Vergleich zu dem, der wir vorher waren, ein besserer Mensch werden.

Aber die Welt ist voller guter Menschen. Wohin du auch gehst, ob in den *Ashram* oder in ein durchschnittliches Heim, findest du bewundernswerte Leute. Und so taucht eine andere Frage auf: „Wenn es so viele gute Menschen in der Welt gibt, warum gibt es dann so wenige verwirklichte Heilige?" Swamiji deutet auf die Antwort, indem er sagt: „Weil du so in dein Ich verliebt bist. Du fütterst es, du beschützt es. Du würdest alles tun für das „Ich" – für dieses Gefühl, dass ich jemand bin, dass man gut von mir denkt, dass ich anerkannt werde.

Selbst wenn wir also die Objekte der Sinne aufgeben, wollen wir als eine religiöse oder spirituelle Person anerkannt werden; wir wollen, dass man gut von uns denkt. Auf der einen Seite ist das lobenswert. Lieber sollte man gut von uns denken als schlecht. Aber das bindet uns noch immer. Es ist die religiöse Perspektive.

Die spirituelle Sicht ist etwas ganz anderes. Die spirituelle Sicht lässt keinen Raum für das Ich und was es will, selbst wenn es spirituell sein will. Die spirituelle Sicht sagt, dass dieses Ich völlig falsch ist. Du verteidigst etwas, arbeitest für etwas, versuchst etwas zu vergrößern und willst etwas spirituell machen, das es noch nicht einmal gibt.

Die spirituelle Sicht nimmt uns den Atem. Sie bedeutet, dass wir ganz umkehren und uns in eine andere Richtung bewegen müssen. Solange wir gut sein wollen, solange wir spirituell oder religiös im Namen eines Ichs sein wollen, sind wir noch gebunden. Es mag eine goldene Kette sein statt einer eisernen, aber wir sind noch gebunden.

Die spirituelle Sicht sagt, dass wir das Ich hinter uns lassen müssen. Wir sind nur für eine einzige Sache hier, nämlich Ausdruck des ganzen Universums zu sein. Wir sind nicht unseretwegen hier, sondern Gottes wegen. Die spirituelle Sicht sagt uns, dass unser Ziel, unsere Größe erscheint, wenn wir verschwinden und nur Gott ist.

***

32.
Die Bedeutung des gesunden Menschenverstandes

Es gibt einen wesentlichen Unterschied zwischen dem Erfolg im spirituellen Leben und dem Erfolg im weltlichen Leben. Wenn wir diesen entscheidenden Unterschied nicht verstehen, entgeht uns irgendwie der Erfolg im spirituellen Leben.

Der wesentliche Unterschied ist, dass Erfolg im normalen weltlichen Leben immer bedeutet, etwas Neues erreicht zu haben, etwas von außen zu bekommen. Erfolg im spirituellen Leben bedeutet, etwas zu entdecken, was wir schon immer waren. Anstatt etwas Neues zu erreichen, werden wir etwas los, was wir haben, nämlich unser Ego. Wenn wir diesen Unterschied nicht verstehen, können wir viele Jahre mit spirituellem Leben verbringen und uns wundern, warum wir überhaupt keinen Fortschritt machen.

Davon abgesehen erfordert aber spiritueller Erfolg fast dieselben Zutaten wie weltlicher Erfolg. Er erfordert eine klare Vorstellung des Ziels, das wir im Geist haben; harte Arbeit; Hingabe; emotionale Verpflichtung; einen scharfen Intellekt und Willenskraft. Aber neben all dem ist die allerwichtigste Zutat der gesunde Menschenverstand – sei es im weltlichen oder im spirituellen Leben.

Gurudev sagte gelegentlich: „Nutze deinen gesunden Menschenverstand." Jemand in der Küche mit gesundem Menschenverstand wird bessere Gerichte kochen als jemand mit einem Abschluss in Ernährung ohne gesunden Menschenverstand. Ein Mensch, der im Geschäftsleben Karriere gemacht hat und den gesunden Menschenverstand einsetzt, wird einen MBA-Absolventen (Master of Business Administration) übertreffen, der diesen nicht hat. Ein Arzt mag vielleicht sehr gute Noten in der Medizinausbildung gehabt haben, aber ein Kollege mit mittelmäßigen Noten und einem gesunden Menschenverstand wird mehr Erfolg haben.

So ist es auch im spirituellen Leben. Wir mögen einen brillanten Intellekt haben, wir mögen sehr hingebungsvoll sein, wir mögen einen starken Willen haben. Aber wenn wir zum spirituellen Leben nicht unseren gesunden Menschenverstand hinzunehmen, werden wir unseren Intellekt, unsere Emotionen und unsere Willenskraft häufig falsch einsetzen.

Warum ist der gesunde Menschenverstand erfolgreich, wo Intellekt, Gefühl und Wille versagen? Weil der gesunde Menschenverstand vom inneren *Guru*, dem inneren Lehrer, kommt. Unser gesunder Menschenverstand hat seine Wurzeln im Göttlichen selbst, dem Göttlichen, das allgegenwärtig, allmächtig und allwissend ist. Das Göttliche hat alle Antworten, die wir brauchen.

So müssen wir unseren Intellekt einsetzen, unsere Gefühle und Willenskraft nutzen – aber der Schlüssel zum Erfolg ist der gesunde Menschenverstand, unsere Fähigkeit, Kontakt mit unserer inneren Intelligenz aufzunehmen. Die Intelligenz, die jeder von uns hat, auf die schließlich jeder von uns vertrauen muss.

***

33. Anpassen, angleichen und sich arrangieren

Wenn es eine Eigenschaft gibt, die allen Menschen gleich ist, so ist es die, dass wir das machen wollen, was wir machen wollen und vermeiden, was wir nicht tun wollen.

In ihrer edlen, sattwigen Erscheinungsform ist dies nicht unbedingt eine schlechte Eigenschaft. Wenn wir z. B. mit unserem ganzen Herzen Gottes Willen tun wollen und vermeiden, es nicht zu tun, kann dies unserem spirituellen Leben sehr zuträglich sein. Oder wenn wir uns in einer neuen Situation angemessen verhalten wollen und Unangemessenes vermeiden wollen. Wir sind sensibel für die neue Situation und für die Gefühle der Menschen um uns herum.

Wenn wir aber die Mehrheit der Menschen beobachten, normalerweise uns selbst eingeschlossen, betonieren wir Gewohnheiten, je länger wir in einer bestimmten Situation sind. Wenn wir lange genug in einer Situation sind, kann es unmöglich werden, dass wir uns bewegen. Wir werden darauf bestehen, das zu tun, was wir wollen und fast keine Kraft der Erde kann uns dazu bewegen, etwas zu tun, was wir nicht wollen.

Können wir dies in uns erkennen und sehen, dass es die Essenz unserer Gefangenschaft ist? Wir sind hier in einem Ashram auf der Suche nach Befreiung. „Ich will frei sein, der Sinn des Lebens ist Freiheit." Und doch sind wir vollkommen gebunden, einbetoniert im „Ich will dies tun." und „Ich will jenes nicht tun."

Wie können wir diese Fesseln lösen? Wie können wir unsere Befreiung beginnen? Zuerst müssen wir diesen Zug in uns selbst sehen. Dann müssen wir die Bedeutung von Gurudevs Anweisungen „Passe dich an, gleiche dich an, arrangiere dich", verstehen. Wir müssen erkennen, dass das, was wir suchen, nicht außerhalb von uns liegt – dass wir bereits sind, was wir suchen. Es ist diese Eigenschaft „des Tuns, was wir tun wollen" und das Zurückweisen des „Tuns, was wir nicht tun wollen", welches uns daran hindert, die Reinheit dessen, was wir wirklich sind, zu erkennen. Wir gießen all unsere Energie in das, was wir tun wollen und in das Vermeiden dessen, was wir nicht tun wollen. Unsere Energie wird nicht aufgewendet für das Ruhen in dem, was wir wirklich sind.

In Wirklichkeit sind wir jenseits von Raum und Zeit. Unser höheres Selbst wurde weder geboren noch wird es jemals sterben. Das ist die Wahrheit unserer Existenz, genau jetzt. Das ist eine gewaltige Wahrheit, sie ist so revolutionär, sie ist so verschieden von unserem normalen Denken, dass wir all unsere Energie auf diese Realisierung verwenden müssen.

Wenn wir aber unsere Energie dafür verbrauchen, unsere Position zu beschützen, das zu vermeiden und abzulehnen, was man uns zu tun heißt, was wir aber nicht tun wollen oder Dingen nachzujagen, die wir angenehm finden, dann wird keine Energie übrig sein, um die Stille in uns zu suchen, die Glückseeligkeit in uns selbst, denn wir sind völlig vereinnahmt von äußeren Ereignissen.

Möge Gurudevs Gnade unsere Bereitschaft stärken, jetzt zu beginnen, uns anzupassen, anzugleichen und zu arrangieren.

***

34. Wach auf!

Gurus können sehr störende Leute sein. Gurudev machte eine Übung daraus, die Bewohner des *Ashrams* nervös zu machen, indem er den *Ashram* ständig in einer finanziellen Krise hielt. Wenn das Geld total knapp war, ergriff er die Gelegenheit, noch mehr auszugeben.

Unsere jetzigen älteren Swamijis haben ihre eigenen Weisen, störende Dinge zu tun. Der heilige Franziskus von Assisi, der von vielen als der größte Christ nach Jesus angesehen wird, war ein permanenter Störfaktor für seine Anhänger. Er hat nie in das Muster gepasst, das sie von ihm erwarteten. Und das scheint kein begrenztes Phänomen zu sein. Es scheint allen großen Lehrern gemeinsam zu sein. Sie können ein Meer des Mitgefühls und der Achtsamkeit sein und die liebenvollsten Geschöpfe des Universums, aber sie können genauso – und meistens sind sie es – sehr störend sein für ihre Schüler.

Warum ist das so? Wenn wir es uns einen Moment überlegen, mögen wir entdecken, dass sie versuchen, uns aufzuwecken. Was bedeutet es, wach zu sein? Wach sein bedeutet, bewusst die Verantwortung für unser Leben zu übernehmen. Wir fühlen uns voll verantwortlich für das, was geschieht. Wir fühlen, dass wir die Art Mensch wählen, welcher wir sind.

Und was heißt es, „zu schlafen" ? Es bedeutet, sich auf die eine oder andere Weise treiben zu lassen. Wir gehen vielleicht durchs Leben, ohne uns jemals zu fragen, ob wir eine Wahl haben oder nicht. Oder vielleicht schauen wir es uns auch an und fühlen uns als hilflose Opfer, ohne für unser Leben die Verantwortung zu tragen.

Hier brauchen wir tiefe Selbstprüfung. Wir müssen erkennen, dass wir bewusst oder unbewusst immer Entscheidungen getroffen haben. Wir müssen erkennen, dass wir diese Entscheidungen getroffen haben entsprechend dem, was wir in diesem Leben in uns zugelassen haben, vielleicht in vielen Leben. Was auch immer wir jetzt zulassen oder wie wir reagieren, ist die Wahl, die wir für die Zukunft treffen.

Jetzt verstehen wir, warum Gurudev und Swamiji immer wollen, dass wir tun, was sattwig ist und um jeden Preis Dinge vermeiden, welche tamasig und rajasig sind, wieso sie uns dazu drängen, Versuchungen wie Gift (allem, was r mentalen und körperlichen Gesundheit schadet) aus dem Wege zu gehen. Warum? Weil alles, was wir tun, einen Eindruck in unserem tiefsten Wesen hinterlässt, und das wiederum beeinflusst unsere zukünftigen Entscheidungen.

Wenn wir ein diszipliniertes Leben führen, wenn wir spirituellen Reden zuhören und spirituelle Texte studieren, wenn wir ständig über die höheren Wahrheiten reflektieren und meditieren, werden unsere künftigen Entscheidungen automatisch für etwas Höheres sein.

Deshalb hängt alles von uns ab. Wir tragen die Verantwortung für unser Leben, die ganze Verantwortung! Wenn wir das erkennen, wachen wir auf, wir werden lebendig, Teil des Ganzen.

***

35.
Die Vergangenheit loslassen

Es gibt ein Sprichwort: „Zu schade, dass man einen alten Kopf nicht auf einen jungen Körper setzen kann." Zweifellos stammt das von jemand Älterem. Ein junger Mensch hat nicht das Bedürfnis, einen älteren Kopf zu haben. Er oder sie wird sich bedanken und sagen, dass ihr Kopf genau richtig ist.

Aber ältere Menschen, die durch Jahre von Erfahrungen gegangen sind und wissen, was sie jetzt wissen, fragen sich manchmal, wie es wäre, zusätzlich zu ihrer Erfahrung die Energie und die Begeisterung der Jugend zu haben. Obwohl es nur eine Fantasie ist, klingt sie wie eine plausible Fantasie: „Wie schön müsste es sein, einen alten, erfahrenen Kopf auf einen jungen, dynamischen Körper zu setzen."

Aber dieses Sprichwort lässt einige Tatsachen des Lebens außer Acht. Als Beispiel: Einstein war, glaube ich, ungefähr siebenundzwanzig Jahre alt, als er die Relativitätstheorie entdeckte und obwohl er später jahrelang kämpfte, eine einheitliche Theorie für den Kosmos zu entwickeln, ist es ihm nicht gelungen. Seine großartige Arbeit gelang ihm in seiner Jugend. Auch in der heutigen Revolution der Kommunikationstechnik wurden die größten Erfindungen von Menschen unter dreißig oder sogar unter zwanzig gemacht.

Tatsächlich werden die großen Dinge sehr oft von jungen Leuten hervorgebracht, nicht von alten. Warum? Der Grund wird sein, dass junge Leute dem Leben immer frisch begegnen. Sie treffen neu auf das Leben. Sie begegnen dem Leben nicht mit den Fehlschlägen und dem Zynismus der Vergangenheit. Erfahrung und Weisheit können eine große Hilfe sein, wenn wir sie von der Negativität der Vergangenheit befreien.

Das ist für uns und unser spirituelles Leben sehr wichtig. Wenn wir an das Leben von Gurudev denken, sehen wir niemals Zynismus. Eher sehen wir ewige Jugend und ewige Frische. Welche Begrenzungen auch immer er hatte – er hat sie hinter sich gelassen. Was für Konditionierungen er auch immer hatte – er hat sie hinter sich gelassen. Jeder Tag war ein neuer Tag, ein frischer Tag, eine frische Gelegenheit, anderen zu dienen, voller Freude zu sein und zu sehen, was dieser Tag bringen würde.

Wenn jemand mit einer Idee zu ihm kam, sagte er niemals: „Nein, wir haben das schon versucht, das funktioniert nicht." Er sagte immer: „Ja, eine wunderbare Idee! Wie können wir das umsetzen?" Immer war da diese Jugendlichkeit und diese Frische, der Eifer und die Bereitschaft, etwas Neues zu versuchen. Gleichzeitig war er unberührt. Er wurde nicht in etwas verwickelt, sodass er durch die Abhängigkeit vom Erfolg begrenzt geworden wäre. Wenn etwas offensichtlich keine gute Idee war, dann lass es, lass es los, gehe zu etwas anderem über.

Das waren die Qualitäten der Jugend in einem alten Körper. Er hatte die Erfahrung eines Älteren, die Weisheit eines verwirklichten Heiligen und außerdem die Begeisterung und die Frische eines Jungen.

Also geht es nicht unbedingt darum, einen alten Kopf auf einen jungen Körper zu setzen, sondern während wir durch das Leben gehen, Weisheit zu gewinnen und die Frische, die Begeisterung und Offenheit der Jugend zu bewahren. Dieses Loslassen der Vergangenheit ist wahre Entsagung. Das ist die Weise, den Weg zur Vollkommenheit zu gehen.

***

36.
Rechtschaffenheit

Wir haben darüber gesprochen, wie wichtig ein gewaltiges Verlangen nach Gott ist und haben Jesus zitiert: „Gesegnet sind die, die hungern und dürsten nach Rechtschaffenheit, sie sollen gesättigt werden.“ Unsere Betonung lag auf dem Hunger und dem Durst, aber was ist mit dem, wonach wir dürsten und hungern? Denn wenn wir das Wort „Rechtschaffenheit“ wirklich verstehen, können wir vielleicht ein Geheimnis des spirituellen Lebens entdecken.

Bezieht sich Rechtschaffenheit nur auf das Handeln? Das Richtige zu tun? Es bedeutet natürlich richtiges Handeln, soweit es Aktivitäten betrifft. Aber Rechtschaffenheit meint alles, was wir tun – nicht nur wie wir handeln, sondern auch die Art, wie wir denken, wie wir sprechen. Aber wessen Rechtschaffenheit ist es? Sollten wir nach unserer Rechtschaffenheit hungern und dürsten, sodass wir gute Menschen werden?

Einmal näherte sich jemand Jesus und sagte: „Guter Meister!“ Jesus tadelte ihn sofort. Er sagte: „Warum nennst du mich gut? Niemand ist gut außer dem Vater.“ Wenn diese Wahrheit unser Wesen ganz durchdringt, kann es unser Leben verändern, denn es gibt irgendwie eine tiefe Überzeugung in uns, dass, wenn wir Gott erreichen wollen, wir uns dies durch Güte und Rechtschaffenheit verdienen müssen.

Aber das ist ein Missverständnis, weil es andeutet, dass das Ego gut werden kann. Aber das ist überhaupt nicht möglich, weil das Ego selbst das Problem ist.

Es gibt eine Meditation in einer Upanishad, die besagt: „Meditiere über *Brahman* als *Prana*.“ Was sind wir ohne *Prana*? Ohne Lebenskraft in uns sind wir ein toter Körper. Es ist *Prana*, welcher unsere Nahrung verdaut. Es ist *Prana*, welcher uns ermöglicht, zu hören, zu sprechen und zu riechen. Es ist *Prana*, der uns erlaubt, zu denken. Ohne *Prana* sind wir nichts.

Aber *Prana* ist eine unpersönliche Kraft. Er hat keine Persönlichkeit.

Er zieht nicht eines dem anderen vor. *Prana* ist auch intelligent; er weiß, wohin die Kraft gesendet werden muss, um unsere Nahrung zu verdauen. Wenn wir uns in den Finger schneiden, weiß er, was aktiviert werden muss, um uns zu heilen. Wenn wir also über *Brahman* als *Prana* meditieren, meditieren wir über eine intelligente, unpersönliche Kraft in uns.

Nun, wenn dieser *Prana* auf das Ego, auf Selbstsucht und Gier trifft – dann wird er unpersönlich und intelligent diese Gier, das Ego und die Selbstsucht manifestieren. Aber wenn diese Energie auf eine nach Rechtschaffenheit hungernde und dürstende Seele trifft, so wird sie als unpersönliche und intelligente Kraft Wege finden, um Rechtschaffenheit in unserem Leben zu manifestieren.

Gott strömt durch uns 24 Stunden am Tag. Er ist unser Leben. Was sich durch uns manifestiert, ist, worüber er herrscht. Wenn Er auf ein Ego trifft, manifestiert Er sich als Ego mit allen negativen Eigenschaften. Aber wenn Er auf Reinheit und Aufrichtigkeit trifft - mit einem Hunger und Durst wie Er selbst zu sein – dann manifestiert Er sich durch uns als Reinheit und Rechtschaffenheit.

Wenn wir also Hunger und Durst nach Rechtschaffenheit haben, sind wir dadurch noch keine guten Menschen – aber Gottes Rechtschaffenheit kann dann eher durch uns hindurchströmen.

* * *

37.
Begegne Gott mit Respekt

Wenn wir irgendein Ziel im Leben erreichen wollen, ist es äußerst wichtig, dass sich unser Herz und Verstand zusammenschließen und auf das Ziel ausrichten. Um uns zu helfen, unseren Verstand und unser Herz zu fokussieren, wählen die großen Lehrer einfache Worte aus den Überlieferungen.

In der vedischen Tradition beinhalten diese Worte auch die *Mahavakyas*, die „großartigen Aussagen". In der jüdischen Tradition wiederholt jeder gläubige Jude täglich: „Höre Israel, der Herr* ist unser Gott, der Herr allein! Und du den Herrn, deinen Gott, lieben mit deinem ganzen Herzen und mit deiner ganzen Seele und mit deiner ganzen Kraft."**

Die Anweisung dieser Worte besagt, dass wir unser Herz und unseren Verstand auf das ausrichten, was das Ziel ist. Ob in der vedischen, buddhistischen, jüdischen, islamischen oder christlichen Tradition – das Problem ist, dass wir dazu neigen, diese Worte zu wiederholen, ohne zu verstehen, was wir sagen oder ohne ihnen den angemessenen Respekt zu zollen. Indirekt hat Swamiji uns während der SADHANA-WOCHE darauf hingewiesen. Er erzählte, dass er sich nicht im Stande sah, zu antworten, als einer der Sprecher sang: *Shivoham Shivoham* („Ich bin Shiva", „Ich bin Shiva"). Er sagte, wenn wir die Großartigkeit und Erhabenheit Gottes betrachten, die Großartigkeit dieses Lebens, wie können wir dann einfach so nebenbei singen: *Shivoham Shivoham.*

Und wirklich, viele Lehrer und *Sadhakas* (Schüler, Suchende) sagen auch: „Ich bin Gott, Du bist Gott." Die Worte fließen von der Zunge und mögen zwar korrekt sein, aber die Worte allein haben nicht die Ehrfurcht und das Verständnis, welche erforderlich sind. Die Schriften sagen, wenn

---

* Das Wort „Herr" (griech. Kýrios) ersetzte später das hebräische Tetragramm „YHWH" (gespr. „Yahweh" / Bdgt: „Ich bin der Ich bin"). ** Quelle: Die Bibel, 5. Mose 5:6

der Verstand und die Sprache sich Gott annähern, kommen sie verwirrt zurück. Wirklich, Gott ist so großartig, dass über Ihn nachzusinnen uns dumm erscheinen lässt. Wir finden keine Worte.

Unsere Traditionen lehren uns, Gott wie einen Verwandten, wie einen Freund, wie einen Geliebten zu behandeln, sehr nahe und vertraut mit Ihm zu sein. Es kann sogar jemand ein Gottesverehrer sein und dennoch mit Gott diskutieren, sich bei Ihm beklagen und Ihn verfluchen. Denn das Wichtigste ist, Ihn anzuerkennen.

Aber obwohl dies in einer bestimmten Phase sehr wertvoll ist, gibt es auch eine Phase, in welcher wir erkennen müssen, dass Gott gänzlich jenseits unseres Verstandes, unseres Denkens und Verstehens ist, und zwar total jenseits unseres Verstandes.

Wir sind von Ehrfurcht ergriffen. Was ist das für ein Wesen, das nicht nur der Schöpfer dieses Universums und von allem darin ist, sondern auch von uns selbst, die wir darüber nachdenken. Wenn wir darüber meditieren, stehen unser Mund und Verstand still. Wir können nicht weitergehen. Wir können nicht einfach so sagen: *Shivoham* („Ich bin Shiva“) bzw. *Tat Tvam Asi* („Du bist Das“). Die Worte bleiben uns im Halse stecken.

Gott zu suchen ist keine lockere Angelegenheit. Gott ist nicht irgendjemand oder irgendetwas, das man einfach so behandeln kann. Er ist ein vergebender Gott, deshalb vergibt Er uns unsere Unwissenheit und unsere Dummheit. Aber letztlich muss man Ihm mit tiefster Verehrung und tiefster Ehrfurcht begegnen.

Wir müssen unsere absolute Nichtigkeit erkennen. Denn nur Er ist – und mit ganzem Herzen, mit ganzer Seele, mit all unserem Verstand und unserer Kraft müssen wir unser ganzes Wesen Ihm zu Füßen legen.

* * *

38.
Glaube

Es gibt eine Menge Dinge, die eine große Hilfe für unser spirituelles Leben sein können, aber nicht alle sind wesentlich. Fasten zum Beispiel ist eine allgemeine religiöse Praxis, aber man kann nicht sagen, dass sie für jeden unverzichtbar ist. Jedoch ist es schwierig, sich ein Leben ohne spirituelle Hingabe vorzustellen. Hingabe ist nicht beschränkt auf den *Bhakta* (Gottesverehrer). Wenn wir den Weg des *Jnana Yoga* (Weg der Erkenntnis) gehen ohne Hingabe daran, herauszufinden, was die Wahrheit ist, werden wir nicht die Energie haben, dem Weg zu folgen. Wenn wir selbstlosen Dienst ohne Hingabe tun, werden wir selbstloses Dienen nicht durchhalten.

Etwas anderes Universales und Wesentliches im spirituellen Leben, auf das wir nicht verzichten können, ist Glaube. Auch Glaube ist nicht nur eine Tugend oder eine Notwendigkeit für einen *Bhakta*. Auch wenn wir ein *Yogi* mit tiefen spirituellen Erfahrungen sind, nützt es uns wenig, wenn wir keinen Glauben haben in das, was wir gesehen haben. Oder, wenn wir dem Pfad des Wissens folgen, wird es uns nicht viel helfen, wenn wir kein Vertrauen in das haben, was wir lernen.

Die Bedeutung des Glaubens erinnert uns an eines der schwierigsten Probleme des spirituellen Lebens und das ist die Frage nach dem Zweifel. Spirituelle Lehrer haben Zweifel als einen der größten Feinde des spirituellen Lebens behandelt. Und das ist er. Aber vielleicht gibt es noch einen anderen Weg, Zweifel zu betrachten. Vielleicht können wir ihn in einem positiven Licht sehen.

Zweifel erscheint grundsätzlich in zwei Formen. Es gibt einen Zweifel, der einen Teil Skepsis in sich hat. Es ist ein Zweifel, der erkennt, dass was immer ich denke und glaube, nur konzeptionell ist. Es gibt also einen gesunden Zweifel, der an dem zweifelt, woran ich glaube, weil er weiß, dass es immer einen Weg gibt, konzeptionelles Verstehen zu verbessern. Es gibt aber auch eine andere, gefährliche Art von Zweifel. Das ist der

Zweifel, der an unserem Glauben nagt – der Zweifel, der sich wie ein Krebs in uns ausbreitet. Es ist der Zweifel, der an den Offenbarungen der Schriften zweifelt, an den Worten unserer *Gurus* und sogar an den tiefsten spirituellen Erfahrungen. Aber auch diese Art von Zweifel muss man nicht ausschließlich negativ sehen. Diese Art Zweifel gibt uns ein Zeichen, dass unser Glaube nicht auf festem Boden steht.

Was meinen wir damit, wenn wir sagen, „unser Glaube steht nicht auf festen Grund“ ? Wenn wir unseren Glauben untersuchen, mögen wir entdecken, dass er sehr von dem abhängig ist, was wir denken und was uns gesagt wurde. Aber mit „Glaube“ ist nicht der Glaube an unsere spirituellen Überzeugungen, unsere Erfahrungen, unseren *Guru* als Person gemeint. Mit „Glaube“ ist der Glaube an Das gemeint, auf was alle Schriften, Lehrer und unsere spirituellen Erfahrungen hinweisen. Glaube soll an Gott sein, an das Einzige, das sich niemals verändern wird. Wenn wir also Zweifel haben, zeigt es uns, dass wir an etwas anderes glauben als an Gott.

Tatsächlich geht wahrer Glaube über alle Überzeugungen hinaus. Wahrer Glaube kann nicht von Hingabe getrennt werden. Wahrer Glaube sagt, dass es nur Gott gibt. Das gesamte Universum, einschließlich mir selbst, ist in Seiner Hand. Die Hingabe ist derart, dass wir keine Wünsche und Erwartungen haben. Es gibt nur die eine Vorstellung und den einen Glauben an Gott. Wir haben unser ganzes Leben Gott gegeben und deshalb gibt es keinen Raum mehr für Zweifel, weil es keinen Gedanken mehr gibt außer an Gott und die Ausführung seines Willens.

***

39.
Mittelmäßigkeit überwinden

Die meisten von uns führen ein mittelmäßiges spirituelles Leben. Das bedeutet, nach den ersten Monaten oder Jahren des spirituellen Lebens – in denen wir vielleicht bemerkenswerte Veränderungen durchgemacht haben – wurde unser spirituelles Leben weder gut noch schlecht. Es wurde mittelmäßig, unspektakulär.

Es ist nicht schlecht. Wir praktizieren regelmäßig und oft dienen wir selbstlos. Mit anderen Worten: Wir leben ein gutes Leben. Aber man kann auch nicht sagen, dass unser spirituelles Leben gut ist, denn faktisch bringt es keine wesentlichen Änderungen unseres Wesens mehr mit sich. Jahre über Jahre können vergehen und wir müssen zugeben, dass wir uns eigentlich gar nicht mehr stark verändern.

Warum erlauben wir uns ein mittelmäßiges spirituelles Leben? Ein Grund ist vielleicht Stolz. Wir leben noch in der Erinnerung der ersten Monate oder Jahre und weigern uns, zu bemerken, dass unser spirituelles Leben seinen früheren Glanz und seine ursprüngliche Begeisterung verloren hat. Ein anderer Grund, warum unser spirituelles Leben mittelmäßig sein kann, ist, dass wir noch immer nach weltlichen Maßstäben leben. Es muss nicht notwendigerweise sein, dass wir von Sinnesobjekten angezogen sind, aber wir wollen nicht alles von uns dem neuen Leben hingeben. Es gibt ein Gefühl in uns, dass wir genug geopfert haben. Dieses Gefühl kann so fein sein, dass wir es gar nicht bemerken, aber wenn wir das Gefühl haben, genug getan zu haben, behalten wir viele von unseren weltlichen Werten. Wir wollen gewisse Vergnügen, einen gewissen Komfort und vor allem wollen wir Anerkennung. Folglich sind wir psychologisch nicht mehr vorbereitet, uns radikal zu verändern.

Der dritte Faktor ist vielleicht der schädlichste von allen. Das ist ein feines oder sogar bewusstes Gefühl oder so eine Ahnung, dass das Ziel zu hoch für uns ist: „Ich bin nicht wirklich geeignet. Ich kann das nicht.“ Schließlich stellen wir fest, dass es derselbe Faktor ist wie der Stolz oder das Gefühl, genug getan zu haben, welcher in uns sagt: „Ich kann nicht." Dieser Faktor, welcher üblicherweise Ego genannt wird, ist ein Aufschneider im einen Moment und ein Feigling im nächsten. Er wird alles tun, um zu überleben.

Wenn wir dies einmal erkannt haben, merken wir, dass das Ego Recht hat, wenn es sagt, es kann nicht. Wie kann etwas, das falsch ist, überhaupt etwas vollbringen. Aber hier haben wir die guten Nachrichten aus den Schriften. Ob es die christliche Theologie ist, welche besagt, dass Gott die Welt durch Christus mit Ihm selbst in Einklang gebracht hat, oder ob es die vedischen Schriften sind, welche kühn verkünden: „Du bist Das jetzt!" – Wir brauchen uns nicht um einen Faktor in uns zu sorgen, der sagt: „Ich kann nicht", weil wir schon *sind*.

Wenn dies erkannt ist, wird noch etwas verlangt. Swamiji Krishnananda, unser verehrter Generalsekretär, sagt gerne: „Es ist eine Reise des Einzelnen zum Einzelnen." Oder es wurde gesagt: „Es ist das Selbst, welches das Selbst verwirklichen muss." Oder Es ist das Absolute, welches zum Absoluten geht und wenn das Absolute zum Absoluten geht, sollte unsere innere Haltung eine absolute sein. Es kann keinen Kompromiss geben. Es gibt 360 Grad auf dem Kompass, aber nur ein Grad zeigt genau nach Norden. Es gibt 359 Grade, die eine falsche Richtung zeigen bzw. den Punkt verfehlen. Deshalb müssen wir etwas in uns finden, das absolut ist, ob es die *Mahavakyas* sind, ob es Vertrauen in Gott ist – Zuflucht zu Ihm allein zu nehmen – was auch immer es sein mag. Es muss absolut sein und alle Faktoren ausschließen, die uns von unserem wahren Ziel ablenken.

Schließlich müssen wir wissen – egal, was unsere Schwächen sind, ob nur empfunden oder real - dass das Prinzip in uns, das uns zum spirituellen Leben gerufen hat, niemals unwahr sein kann. Dieses Prinzip ist immer bei uns. Deshalb können wir einzig darin Zuflucht nehmen.

***

40.
Über die Vorstellung von sich selbst hinausgehen

Gurudev schrieb über 300 Bücher (und Büchlein). In den späteren Jahren schrieb er meistens Aphorismen, die von seinen Schülern gesammelt und in Kapitel und Abschnitte geordnet wurden. Das sind sehr kraftvolle Bücher. „Voice of the Himalaya" („Die Stimme des Himalaya") ist ein solches Beispiel.

Gestern habe ich eines seiner früheren Bücher angeschaut, welches er Mitte dreißig geschrieben hat. Es hat inzwischen die 15. Auflage erreicht. Es ist eine andere Art von Buch. Hier können wir die Persönlichkeit von Gurudev wirklich fühlen. Er spricht von Mensch zu Mensch, Er sagt (z. B): „Ich schweife jetzt ab. Du kannst den Grund für mein Abschweifen sehen ... " / „Jetzt erzähl ich dir dies ... " / „Ich kann Berge bewegen ... " etc. Was für ein kraftvolles Buch! Welche Energie da durchkommt!

An einer Stelle spricht er sogar davon, man müsse eine „aufdringliche" Natur entwickeln und an einer anderen Stelle, man solle „Zurückhaltung vermeiden". Es gibt bei Gurudev keine Leisetreterei, um Schwierigkeiten zu vermeiden. Es ist alles ganz gerade heraus.

Es gibt natürlich eine Phase in unserem spirituellen Leben, wo ein bisschen Zurückhaltung, Sanftmut und Anpassung wichtig sind. Irgendwie müssen wir unser Ego im Zaum halten. Fasten, Selbstverleugnung, auch mit hängendem Kopf herumzugehen sind gerechtfertigt. Aber das ist nicht das Ende der spirituellen Entwicklung, wir dürfen in dieser Art und Weise nicht stecken bleiben. Was ist also der Schlüssel? Was erlaubt Gurudev, so kühn zu sein? Was erlaubt Swamiji, allem standzuhalten? Zweifellos ist es deshalb, weil sie von einem Ort ohne Grenzen kommen. Sie hängen nicht an „Ich muss dies tun, ich muss das tun." Sie sind total frei, von einem universellen Standpunkt aus zu reagieren.

Schriften und Lehrer warnen uns davor, in Sackgassen zu geraten oder steckenzubleiben. Normalerweise denken wir das bedeutet, wir sollten um jeden Preis *Siddhis*, übersinnliche Kräfte, an die sich unser Ego klammern könnte, vermeiden. Aber unsere Egos können sich genauso gut an Bequemlichkeitsniveaus klammern. Oft sind wir in großen Schwierigkeiten und durch das spirituelle Leben oder indem wir unsere Lebensweise ändern, finden wir Erleichterung. Wir lassen uns nicht länger von Dingen stören, die uns zuvor gestört haben, wir finden einen angenehmen Zustand. Unser Ego kann uns in solch einem bequemen Zustand festhalten, genauso wie es sich an Wissen oder übersinnliche Kräfte klammern kann.

Das sind alles Fallen, alles Wege, um uns von unserem Ziel abzubringen. Es ist unsere Sehnsucht, sicher und bequem zu leben, unsere Individualität zu wahren und ein blockierendes Selbstbild aufrechtzuerhalten. Gurudev war so spontan. Man kann sich bei ihm kein Selbstbild vorstellen, obwohl er so sprach, als habe er eines: „Ich kann dies tun. Ich kann das tun." Von einem Standpunkt aus würde man denken, er sei voller Ego, aber es ist nichts da. Er kommt von nirgendwo. Es ist alles absolute Reinheit.

Es ist diese Reinheit, die unser Ziel ist. Wir sollten keine Bilder davon haben, wie man ein guter Mensch ist, nach dem Motto: „Ich muss so sein. Ich muss anders sein." Am Anfang ist das wichtig, aber nach abschließender Analyse gibt es in unserm Zuhause, unsem wahren Zuhause, kein Selbstbild. Es ist ein Ort der Unschuld, der Verwundbarkeit, ein Ort riesiger Energie.

***

41.
Der Umgang mit Freude und Schmerz

Eines haben wir mit dem Rest der Menschheit gemeinsam: Wir wollen uns am Glück erfreuen und Schmerz vermeiden. Und dies gilt nicht nur für eine Ebene unseres Wesens. Es gilt für die Ebene des Körpers, des Verstandes und sogar für die Seele. Physisch möchten wir uns wohl fühlen, geistig suchen wir nach Ego-Befriedigung und spirituell sehnen wir uns nach einem Sicherheitsgefühl.

Aber es scheint keine Möglichkeit in dieser Welt zu geben, fortwährend Wohlbefinden und Glück – physisch, geistig, spirituell – zu finden und Beeinträchtigungen zu vermeiden. Aber das ist es, wonach wir uns sehnen. Die Heiligen, die Weisen und die Schriften verweisen uns an Gott und sagen: „Das einzige anhaltende Glück finden wir nur in Gott." Wir hören diese Worte, aber das verändert noch nicht unsere Einstellung. Wir wollen anhaltende Glücksgefühle hier und jetzt und wir fühlen uns gestört, wenn dies nicht unsere Alltagserfahrung ist.

Ist es denn möglich, den Wechsel von Freude und Schmerz zu vermeiden, bevor wir in Gott gegründet sind? Eigentlich nicht, denn sie sind Teil dieser wechselhaften Welt. Sogar wenn man fest in Gott gegründet ist, wird es diesen Teil der Erfahrung eines Heiligen nicht ändern. Aber die Erfahrung des Heiligen gibt uns einen Hinweis, wie wir unser Leben jetzt leben können. Es ist nicht so, dass Freude und Schmerz für einen Heiligen nicht existieren, aber Swamiji spricht von einem Zustand, in welchem die größte Sorge dich nicht berühren kann. Es ist klar, dass die Sorge trotzdem da ist, auch wenn sie dich nicht berühren kann. Solange wir einen Körper und Verstand haben, werden uns die Gegensätze begleiten.

Aber wie können wir einen Zustand erreichen, in dem wir wenigstens zu einem gewissen Ausmaß von den Gegensätzen unberührt bleiben? Es ist so einfach, dass es fast trivial ist, es auszusprechen. Es ist die klare einfache Erkenntnis, dass diese Gegensatzpaare eine Tatsache unseres Lebens sind und niemals vermieden werden können. Wie unser verehrter *Vedanta*-Lehrer Swami Brahmanandaji sagte: „Gott drückt sich selbst in diesen Gegensätzen aus." Die klare unwiderrufliche Akzeptanz dieser Tatsache führt uns – zumindest bis zu einem gewissen Grad – darüber hinaus.

Was ist nun der eigentliche Unterschied zwischen der Sichtweise eines Heiligen und der unserigen? Er ist gefestigt in einem Zustand, in dem er klar sehen kann, dass dies eine Welt der Gegensätze ist und lässt es einfach so sein.

Es gibt keine Auflehnung dagegen! Wenn Freude kommt, genießt er die Freude und lässt sie los. Wenn Schmerz kommt, durchleidet er den Schmerz und lässt ihn los! Auf gewisse Weise ist es für ihn weder Freude noch Schmerz, weil er seine Energie nicht in diese Ebene seines Wesens hinein gibt.

Hier ist also das Geheimnis, welches uns helfen kann. Es gilt zu erkennen, dass wir, solange wir Körper und Geist haben, diese Gegensätze nicht vermeiden können. Mit den Worten Krishnas: Es geht darum, die Gegensätze geduldig zu ertragen, sie als unumgänglich zu erkennen und stetig durch jeden Tag zu gehen im Wissen, dass er beides bringen wird, Freude und Schmerz.

* * *

42.
Ein neuer Anfang

Heute Morgen wird in der Sivananda Vedanta Forest Academy der 32. Yoga-Vedanta-Forest-Academy-Kurs eröffnet. Wenn wir darüber nachdenken, gibt es bei einer Eröffnung wie dieser eine spirituelle Lektion für uns. Was ist die Erwartungshaltung der Studenten an einem Eröffnungstag?

Es ist die der Vorfreude, Ungewissheit und stiller Aufregung. Wie anders diese doch ist im Vergleich zur Haltung der meisten von uns gegenüber dem Heute. Das Heute wird mehr oder weniger eine Sache der Routine sein. Wir haben eine Vorstellung von dem, was wir tun werden. Wir haben kein Gefühl von Neugier und Ungewissheit.

Vor einigen Jahren wurde in Swamijis Namen ein Buch mit einigen seiner Reden herausgebracht, die er hier morgens gehalten hatte. Der Titel des Buches war „Ein neuer Anfang". Dieser Titel wurde genommen, weil Swamiji jeden möglichen Anlass nutzt, uns dazu zu drängen, einen neuen Anfang zu machen. Warum tut er das? Vielleicht, weil es die normale menschliche Tendenz ist, sich in der Routine niederzulassen. In uns gibt es keine Neugier, keine Erwartung, keine Ungewissheit, was der Tag bringen wird. Deshalb sind wir nur halb lebendig.

Die Wahrheit ist: Selbst wenn wir denken, wir wissen, was wir heute tun werden, wissen wir es eigentlich nicht. Ist es nicht traurig, dass wir glauben, zu wissen, was geschehen wird – anstatt es so zu sehen, wie es ist, als etwas Unbekanntes, ein Abenteuer. Anstatt dem Heute ein Gefühl der Vorfreude entgegenzubringen, bringen wir ihm ein Gefühl der Routine, vielleicht sogar der Langeweile entgegen.

Jeder Tag sollte für uns ein Tag der Eröffnung sein – eine Eröffnung des Rests unseres Lebens, ein neuer Anfang. Wenn wir erkennen, dass wir nicht wissen, was heute passieren wird, kann es in uns ein stilles Gefühl der Neugier, der Erwartung, der Vorfreude und Bereitschaft geben – das aufzunehmen, was auch immer kommen mag. Das bedeutet, wir sind lebendig und wach.

Und was bitten uns die Schriften zu tun? „Steh auf, wach auf und suche Erleuchtung." Wach zu sein bedeutet, zu erwarten, lebendig zu sein, zu spüren, dass heute der Rest unseres Lebens beginnt. Das ist Leben, und es ist diese Art von Leben, die notwendig ist, um uns zum gesuchten Ziel zu bringen.

* * *

43.
Den Blick erweitern

Ein Ladeninhaber und ein Industrieller sind beide Geschäftsleute. Aber während der Ladeninhaber sich nur mit täglichen regionalen Angelegenheiten befasst, muss ein Industrieunternehmer einen Blick für die Welt, einen breiteren Blickwinkel haben. Um erfolgreich zu sein, muss er Umstände bedenken, welche dem Ladeninhaber nicht einmal in den Sinn kommen. Ein normaler Politiker und ein großer Staatsmann müssen beide in die Regierung gewählt werden. Aber während der normale Politiker nur mit Abstimmungen und seinem eigenen Wählerkreis beschäftigt ist, befasst sich der Staatsmann mit einer breiteren Sichtweise, mit umfassenderen Prinzipien. In beiden Fällen gibt es eine ähnliche Berufung, aber einen Unterschied wie Tag und Nacht, wie sie sich auswirkt – je nachdem ob es ein Geschäftsmann oder ein Politiker ist.

Dasselbe gilt für uns Suchende. Wenn wir das erste Mal zum spirituellen Leben gerufen werden, lässt es sich nicht vermeiden, dass wir wie Ladeninhaber oder normale Politiker sind, beschäftigt mit unserem begrenzten Selbst. Sogar wenn uns eine Erfahrung geschenkt wird, die uns weit über uns hinaus gehoben hat, enden wir doch wieder, wo wir begonnen haben – bei der Befassung mit uns selbst und unseren persönlichen Problemen, ob sie nun unbedeutend oder großartig sind.

Aber der ganze Zweck des spirituellen Lebens ist, uns über die unbedeutenden Probleme der Individualität hinaus zu einer mehr kosmischen Sicht zu erheben – in eine Sichtweise oder ein Reich, wo wir Dinge aus einem breiteren Blickwinkel betrachten können.

Die Individualität oder der Körper und Geist sind immer noch da, aber wir haben unsere zwanghaften Interessen und unsere Identifikation zurückgezogen und wir sehen die Angelegenheiten aus einer weiteren, kosmischen Perspektive. Wir sehen Dinge aus dem Blickwinkel Gottes statt aus der Sicht des Egos.

Wir neigen dazu, dies im spirituellen Leben zu vergessen. Unabhängig davon, wie viele Jahre wir auf dem Weg sind, unabhängig davon, wie viel wir gelernt haben, wie viele Kanten unserer Persönlichkeit abgeschliffen wurden – noch immer sind wir durch unsere persönlichen Sorgen und Interessen gebunden.

Wir sind nicht fähig, uns über die Mentalität eines Ladeninhabers oder normalen Politikers zu erheben. Wir sind gar nicht bereit, die persönliche Sichtweise loszulassen, um eine unpersönliche Sichtweise zu erlangen. Wir hängen an unserem persönlichen Leben. Solange wir fortfahren, dies zu tun, bleiben wir genau da, wo wir sind und was wir sind - spirituelle Ladeninhaber und Politiker, die an ihrem individuellen Selbst mehr interessiert sind als an der Weitsicht.

Aber wie können wir uns über diese begrenzte Sichtweise zur Weitsicht erheben? Wenn wir sie richtig verstehen, sind alle unsere spirituellen Übungen dazu geschaffen, uns dabei zu helfen. Sie sind dazu geschaffen, unseren Verstand von uns selbst abzuziehen und zur Weitsicht hinzubringen – normalerweise durch die Verehrung und das Nachdenken über Gott. Auch durch selbstloses Dienen wird unser Verstand von uns selbst abgezogen. Wenn wir Gott in denjenigen sehen können, denen wir dienen, wird unser Geist auf eine kosmische Ebene gebracht. Es ist egal, wie wir dies tun, aber tun müssen wir es. Denn es gibt keinen wirklichen spirituellen Fortschritt, wenn wir uns nicht von unseren persönlichen Sorgen weg zu einer Weitsicht hin bewegen können. Das ist eines der wichtigsten Elemente des spirituellen Lebens. Es ist etwas, dass jeder für sich selbst entdecken muss – etwas, das jeder selbst tun muss.

* * *

44.
Der neutrale Faktor in uns

Ob wir in erster Linie einem der bekannteren Yogawege folgen oder einem der unbekannteren, eines haben sie alle gemeinsam: Es gibt Zeiten, wo unser Yoga scheinbar gut läuft und Zeiten, wo es nicht so gut läuft. Wir haben fruchtbare und trockene Zeiten. Wir haben sehr befriedigende Zeiten und weniger befriedigende.

Oft enthalten die weniger befriedigenden Zeiten eine Lektion für uns. Wenn wir z. B. vorwiegend dem Weg der Hingabe folgen und in Probleme zu laufen scheinen, so kann dies ein Zeichen sein, dass wir ein wenig nachforschen, unseren Intellekt trainieren müssen, dass der Weg zu Gott mehr ist als Hingabe.

Oder wenn unser Pfad vorwiegend ein intellektueller ist, bemerken wir vielleicht, dass wir uns im Kreis drehen und einfach nirgendwo hinkommen. Eine solche Zeit mag ein Zeichen sein, dass es jetzt Zeit ist, Hingabe zu entwickeln. Und zu guter Letzt sollten wir mehr Zeit für *Japa* (*Mantra*-Wiederholung) verwenden und versuchen, unsere Liebe zu Gott im Herzen und im Kopf zu pflegen.

Aber diese scheinbar unbefriedigenden Zeiten haben noch einen weiteren Nutzen für uns: Wenn wir unser spirituelles Leben eine Weile analysieren, sehen wir gar keinen so großen Unterschied zwischen den sogenannten „guten“ und „schlechten“ Zeiten“.

Damals erfreuten uns gute Zeiten mehr und schlechte Zeiten weniger. Aber wenn wir zurückschauen, finden wir es schwierig, einen großen Unterschied zu erkennen – denn etwas in uns blieb davon unberührt.

Das kann ein Hinweis für uns sein, genauso wie auch Tiefschlaf ein Hinweis für uns sein kann. Wenn wir den Tiefschlaf analysieren, wissen wir, da war etwas gegenwärtig, das uns jetzt sagt, dass wir tief geschlafen haben, auch wenn wir uns zu dem Zeitpunkt dessen nicht bewusst waren. Wenn wir auf unser spirituelles Leben zurückblicken und erkennen, dass da etwas in uns ist, das völlig unberührt geblieben ist, unabhängig davon, ob wir gute oder schlechte Zeiten hatten – dann gibt uns dies ebenfalls einen Hinweis, wonach wir im spirituellen Leben wirklich suchen.

Es gibt eine sehr starke Kraft in uns, die nur das Angenehme will und die nichts will, was sie als unangenehm oder uninteressant erachtet. Diese Kraft wird jeden Gedanken zurückweisen, dass das Höchste in uns so neutral ist, wie hier nahegelegt wird. Und dennoch, was ist es, was den Schriften und den Lehrern zufolge immer da ist und inmitten aller Gegensätze gleich bleibt? Warum erzählen uns die *Gurus*, dass wir immer verwirklicht sind? Es muss ein inneres Prinzip geben, das sich niemals verändert, aber das wir einfach nicht wahrnehmen.

Vielleicht ist einer der Gründe, warum wir es nicht wahrnehmen, dass es zu einfach ist. Es ist aus dem Blickwinkel der Psyche nicht interessant genug. Ein anderer Grund ist, dass es einfach zu subtil ist. Unser Geist will nicht dabei verweilen. Wenn wir es jedoch analysieren, wird etwas in uns sagen, dass dies die richtige Richtung ist, die wir einschlagen sollten. Letztlich spielt es keine Rolle, welchem Yogaweg wir folgen, sie münden immer in einer Stille, einer Leere, in etwas, das inmitten aller Veränderungen unbewegt bleibt. Vielleicht ist das immer mit uns, wenn auch unerkannt, weil wir zu beschäftigt mit uns selbst und dem äußeren Leben sind.

***

45.
Ist das Leben grundsätzlich positiv oder negativ?

Gelegentlich treffen wir Leute, die, wenn sie von ihrem Leben sprechen, sagen: „Es war ein großartiges Leben. Ich würde es gerne alles noch einmal erleben." Wenn wir sie fragen würden, ob sie das Leben eher als positiv oder als negativ sehen, würden sie sagen: „Es ist auf jeden Fall positiv." Andererseits treffen wir manchmal auf Leute, deren Leben aus ihrer Sicht so tragisch war, dass sie sagen: „Ich wünschte, ich wäre niemals geboren." Wenn wir ihnen dieselbe Frage stellen würden, würden sie antworten: „Es ist alles ein schlechter Witz, ein kosmischer Fehler. Es gibt nichts Gutes dabei."

Die meisten von uns würden jedoch sagen, es sei eine Kombination von positiv und negativ. Wir können nicht wirklich sagen, es ist das Eine oder das Andere. Aber irgendwie ist das eine befremdliche Position für uns. Denn wir stimmen alle überein, dass es nur einen Gott gibt. Es gibt nicht eine Menge Götter, die das Universum geschaffen haben. Also entweder wusste der eine Schöpfer, was er tat und schuf eine positive Welt – eine Welt mit Seiner Absicht darin, mit Seiner Gottheit darin – oder Er hat einen kosmischen Fehler, einen Schnitzer gemacht. Es ist nicht wirklich logisch, dass das Leben beides – gut und ein Fehler – gleichzeitig sein kann. Vielleicht sollten wir also diese Abgrenzung aufgeben und eine grundlegende Einschätzung der Welt machen. Ist die Welt grundlegend gut oder schlecht? Denn wie wir die Welt sehen, beeinflusst definitiv, wie wir unser Leben leben und besonders, wie wir unser spirituelles Leben leben.

Zuerst, bevor wir schauen, wie es unser spirituelles Leben berührt, lasst uns der Frage nachgehen, ob das Leben grundsätzlich gut, positiv oder nicht gut, negativ ist. Was ist das Urteil der Heiligen? Unabhängig davon, was sie nun sagen mögen, ist klar, dass sie in einem Zustand von absoluter Positivität sind. Sie haben das Göttliche berührt und können grundsätzlich keine Probleme erkennen. Bei jemandem wie Gurudev zeigt sich das in seinen Lehren. Alle seine Lehren sind positiv, ermutigend, optimistisch. Swamiji spricht ebenfalls nie über Probleme des Lebens. Er lehrt immer positiv: „Strahlender, unsterblicher *Atman*! Du bist göttlich. Bringe deine Göttlichkeit im täglichen Leben zum Ausdruck." Und unser verehrter *Vedanta*-Lehrer Swami Brahmanandaji pflegte häufig zu sagen: „Alle Religionen erklären, dass Gott vollkommen ist. Wie könnte ein vollkommener Gott eine unvollkommene Welt erschaffen?"

Die Schriften sind ebenfalls grundlegend positiv. Die erste Schöpfungsgeschichte der Bibel beschreibt die Erschaffung der Welt in sechs Tagen. Jeden Tag an dem Gott einen anderen Teil seiner Schöpfung kreierte, sah er, dass es gut war. Am sechsten Tag, als Er die Tiere und den Menschen schuf und seine Schöpfung sah, da hielt er sie für sehr gut. So ist die Schöpfung als solche in den Augen der Heiligen und in den Augen Gottes grundsätzlich positiv, gut oder sogar sehr gut, so wie Gott es am sechsten Tag sah.

Wieso wollen wir uns also nicht festlegen? Warum sehen wir sie als eine Kombination von Gut und Böse? Dies finden wir im zweiten Schöpfungsbericht der Bibel: Gott setzte den Menschen in ideale Lebensverhältnisse. Aber Er warnte ihn vor einer Sache: „Du darfst die Schöpfung, welche Ich als gut und positiv ansehe, nicht als gut und böse beurteilen." Aber der Mensch konnte der Versuchung, zu urteilen, nicht widerstehen. Folglich ist das Leben, welches Gott schuf und für gut befand, vom Menschen in Gut und Böse eingeteilt, je nachdem wie es seinen Sinnen beliebt und entsprechend seinen vorübergehenden Gefühlen und Stimmungen. So hat der Mensch seine Gottes-Sicht verloren und eine egozentrische Sicht eingenommen. Die egozentrische Sicht sagt, dass einige Dinge gut und andere Dinge schlecht sind. Andere mögen mit unserer Bewertung übereinstimmen oder auch nicht, aber die Sicht Gottes wird nicht berücksichtigt.

Wenn wir also über ein SELBST-zentriertes Leben hinaus in ein GOTT-zentriertes Leben hinein gehen wollen, dann muss man als erstes aufgeben, Dinge als gut und böse anzusehen. Durch tiefes Nachdenken über die Haltung des Schöpfers und der Heiligen kann eine Überzeugung im Herzen erwachsen, dass das Leben grundsätzlich positiv ist.

Vielleicht ist die machtvollste spirituelle Praxis diesbezüglich, sich Gott hinzugeben und ein tiefes Vertrauen zu Gott zu entwickeln. Sind wahre Hingabe und Vertrauen denn möglich, wenn wir vom Positiven des Lebens nicht wahrhaftig überzeugt sind, wenn es in unserem Herzen Zweifel daran gibt? Der Weg zu Gott ist grundlegender Glaube sowie die Überzeugung, dass das Leben gut und positiv ist.

* * *

Vertraue Gott!

46.
Negative Kräfte überwinden

Alle von uns haben die Erfahrung gemacht, dass man nicht fähig ist, die höchsten Werte zu leben. Oft merken wir, dass wir Dinge tun, von denen wir wissen, dass wir sie nicht tun sollten. Dies trifft noch mehr auf unseren Geist zu. Wir ertappen uns, dass wir unfähig sind, so zu denken, wie wir wissen, dass wir denken sollten – in einer erhabenen Weise nämlich. Wir merken, dass unser Geist negativen Wegen folgt, obwohl wir dies nicht wollen.

Gibt es irgendetwas, das wir dagegen tun können? Erstens können wir erkennen, dass wir nicht allein sind, dass es ein menschliches Problem ist, an dem wir alle leiden. Zweitens besteht das Universum aus zwei ursprünglichen Kräften: aus der Kraft der Schöpfung, der Teilung, die unser Bewusstsein durch die Sinne nach außen bringt und uns unser wahres Selbst vergessen lässt und aus der Kraft der Evolution, der Rückkehr, welche uns zurück zum wahren Selbst führt. Jeder von uns erfährt den Kampf zwischen diesen beiden universellen Kräften. Wenn wir dies erkennen, fühlen wir uns nicht mehr so niedergeschlagen, wenn wir merken, dass wir in ungewollte Richtungen gehen. Wir erkennen, dass wir von universellen Kräften beeinflusst sind.

Aber das ist nicht genug. Während uns das vielleicht etwas Frieden gibt und die Erkenntnis, dass wir nicht allein sind, wollen wir doch die richtige Richtung einschlagen. Deshalb sollten wir erkennen, dass wir tatsächlich wählen können. Wir können nicht die Art der Gedanken wählen, die in unseren Geist kommen, sie erscheinen einfach. Aber wir können sie als das erkennen, was sie sind - entweder nach außen gerichtete negative oder nach innen strebende positive Gedanken – und wir können wählen, wie wir auf sie reagieren. Die Schriften sagen, wenn man einen negativen Gedanken oder Drang hat, soll man ihn einfach ignorieren, nichts tun. Auf der anderen Seite, wenn man einen Gedanken oder einen Drang von positiver Natur verspürt, soll man sofort darauf reagieren. Wir haben die Macht der Wahl und die Macht, so zu handeln, wie wir wissen, dass wir handeln sollten.

Zudem haben wir die Versicherung und das Versprechen Gottes. Nachdem er die nach außen und nach innen strebenden Kräfte beschrieben hatte, sagte Krishna zu Arjuna: „Sorge dich nicht, du bist auf dem Weg zurück nach innen.“ Sobald wir einmal zum spirituellen Leben gerufen wurden und diesem Ruf gefolgt sind, sind wir auf dem Pfad der Evolution. Wir sind Anhänger Gottes. Und Krishna sagt weiter: „Ich kümmere mich immer um Meine Verehrer. Ich sorge für ihre weltlichen und spirituellen Bedürfnisse.“

Wenn wir uns also manchmal von negativen Kräften und Gedanken überwältigt fühlen, erinnern wir uns, dass wir zum einwärts gerichteten, aufsteigenden Pfad aufgerufen worden sind. Kampf und Anstrengung sind unabwendbar, niemand kann das vermeiden. Negative Kräfte verschwinden nicht einfach, weil wir zum spirituellen Leben berufen wurden. Aber, wenn wir einmal gerufen wurden, bedeutet dies, dass Gott auf unserer Seite ist. Er hat uns die Kraft gegeben, mit seiner Hilfe mit all unseren Problemen klar zu kommen. Deshalb sollten wir grundlegend optimistisch sein. Wir sollten dynamisch unsere Unterscheidungskraft und Wahlmöglichkeit einsetzen. Wir sollten wissen, dass der Sieg letztlich sicher ist.

***

47.
Allgegenwart

Einige der großen spirituellen Lehrer des 20. Jahrhunderts lehrten nur einen Hauptweg zu Gott. Swami Ramdas lehrte die Wiederholung des Namen Gottes. Ramana Maharishi lehrte: „Erforsche: ‘Wer bin ich?’“. Swami Muktananda lehrte *Shaktipat* (das Herabsteigen göttlicher Energie). Aber Gurudev, welcher erkannte, dass wir Hand, Kopf, Denken, Herz, Fühlen und Wille sind, vertrat einen ganzheitlichen Yoga: „Diene, liebe, gib, reinige dich, meditiere, verwirkliche. Sei gut, tue Gutes. Sei freundlich. Sei mitfühlend. Frage: „Wer bin ich?“ Erkenne dich selbst und sei frei.“ Seine „20 wichtige spirituelle Anweisungen“ – von denen er sagte, dass wir sie strikt befolgen sollen - beinhalten z. B. auch um 4 Uhr morgens aufzustehen, Meditation, *Japa*, Yogaübungen, richtige Ernährung und Wohltätigkeit. Alles ist enthalten.

Gurudevs Belehrungen sind zweifellos sehr weise. Ein ganzheitlicher Weg ist der beste und sicherste Weg. Und doch gibt es etwas in unserem Herzen, das sich nach Einfachheit sehnt. Es gibt so viele Lehren, so viele Dinge zu tun. Gibt es nicht einfach eine Sache, auf die wir uns konzentrieren können, die uns irgendwie zum Ziel bringt? Eine Möglichkeit ist Meditation über eines oder mehrere Worte, welche die Essenz der Wahrheit enthalten.

„Allgegenwart“ ist z. B. ein Wort, das all unsere Probleme und Fragen über uns selbst, die Welt und Gott beantworten könnte, wenn wir fähig wären, uns genügend darauf zu konzentrieren. Swamiji sagte, wenn du Probleme mit deinem Geist hast, sorge dich nicht. Wohin er auch gehen mag, bekräftige die Gegenwart Gottes. Egal, worüber der Geist nachdenkt oder wohin er abschweift, bekräftige die Gegenwart Gottes in dem Gedanken und in dem Objekt des Gedankens. Also, gleichgültig woran wir gerade denken, wir bekräftigen die Gegenwart Gottes, Gottes Allgegenwart. Selbst wenn wir über unsere Gedanken erschrecken, bejahen wir die Allgegenwart Gottes in ihnen.

Wenn wir an Transzendenz denken, bekräftigen wir die Allgegenwart Gottes. Wenn wir an ein Atom denken, bekräftigen wir die Allgegenwart Gottes. Selbst wenn wir Allmacht sagen, beinhaltet dies die Allgegenwart, weil Gott allgegenwärtig ist, alle Kraft ist seine Kraft. Wenn wir an Allwissenheit denken, ist es ähnlich, weil Gott allgegenwärtig ist, alles weiß. Es gibt nichts, an das wir denken können, das die Allgegenwart nicht umschließt. Es gibt buchstäblich nichts, das von Gottes Gegenwart ausgeschlossen ist.

Unser ganzes Problem als Menschen und insbesondere als Suchende besteht darin, dass wir trennen. Wir sehen uns selbst und andere als getrennt und wir haben das Gefühl, dass Gott noch etwas anderes sei. Aber das ist nicht die Wahrheit von *Advaita*, der Nondualität, es ist nicht die Erfahrung der Heiligen. Sie sehen keine Unterschiede. Sie kennen nur Eines. Was uns also helfen kann, ist, über das Wort „Allgegenwart" zu meditieren. Swami Krishnanandaji sagte, wenn wir meditieren, ist es das Universum, welches meditiert, nicht ein Individuum. Das ist eine weitere Bekräftigung der Allgegenwart Gottes.

Es gibt nichts außer Gott, innen, außen – was immer wir denken oder tun. Wenn wir beständig über das Wort „Allgegenwart" nachdenken, wenn es tief genug in uns eindringen kann, dann kann es die Aufspaltung in unserem Geist zerstören und wir ruhen in der Wahrheit.

***

48.
Wahre Leidenschaftslosigkeit

Als Krishna im sechsten Kapitel der „Bhagavad-Gita" beginnt, Arjuna zu unterrichten, wie man den Geist kontrolliert – hört Arjuna eine Weile zu und sagt schließlich: „All das Gerede ist nutzlos. Es ist leichter, den Wind zu beherrschen als den Geist." Krishna diskutiert nicht mit ihm, Er sagt einfach: „Ja, der Verstand ist schwer zu kontrollieren, aber er kann durch Leidenschaftslosigkeit und Übung beherrscht werden." Leidenschaftslosigkeit gegenüber was? Normalerweise denken wir Leidenschaftslosigkeit für die Welt. Und Übung von was? Wir könnten sagen, die Übung der Gegenwart Gottes oder jede andere Übung, die uns zu Gott führt. Schließlich ist es die Übung, diese unbekannte, undenkbare Präsenz zu sein, die wir wirklich sind.

Wir verstehen das Wort „Üben" ganz gut und jeder von uns macht auf seine eigene Weise eine Übung oder mehrere, die zum Göttlichen führen. Aber vielleicht haben wir nicht so ein klares Verständnis des Wortes „Leidenschaftslosigkeit", welches viel mehr bedeuten kann als nur Leidenschaftslosigkeit und Nichtanhaftung für die Welt.

Durch unsere Unterscheidungskraft mögen wir gesehen haben, dass es kein andauerndes Glück in der Welt gibt. Vielleicht sind wir deshalb zum *Ashram* gekommen, um ein spirituelles Leben zu führen. Was wir vielleicht nicht erkennen, ist, dass ein *Ashram*-Leben immer noch ein weltliches Leben sein kann. Wenn nicht genügend Reinheit in uns ist, können dieselben Wünsche nach Selbstbefriedigung unser Ziel sein – selbst wenn sie in einer nobleren Verkleidung wie dem selbstlosen Dienst daherkommen. Sie können in einem *Ashram* wie in der Welt dieselben sein. Es ist daher unerlässlich, Leidenschaftslosigkeit auf einer feineren Ebene zu entwickeln und zu erkennen, dass kein dauerhaftes Glück entstehen kann, wenn man bloß im *Ashram* wohnt.

Aber unsere Leidenschaftslosigkeit muss noch tiefer gehen als das. In uns besteht eine Überzeugung, dass wir irgendwie durch unseren Körper und Verstand Glück erreichen können, auch wenn dieses Glück das Ergebnis unserer Wandlung und unseres Strebens nach Gott ist.

Letztlich führt uns unser Unterscheidungsvermögen an einen Punkt, an dem wir deutlich erkennen, dass wir den Geist nicht verändern können – dass er einfach korrupt ist – und dass das Ego von Natur aus niemals Gott wollen kann. Wenn wir eine Tugend entwickeln, erscheint zur selben Zeit gern ein Laster. Vielleicht werden wir durch große Bemühungen mitfühlender, ehrlicher, reiner, aber zur selben Zeit entwickeln wir eine stille Selbstzufriedenheit oder einen Stolz darüber, was wir erreicht haben.

Nur wenn wir zur fast vernichtenden Einsicht kommen, dass der Geist und das Ego – in einem absoluten Sinne – nicht veränderbar sind, können wir möglicherweise eine wahre Leidenschaftslosigkeit entwickeln. Nur wenn wir wahre Leidenschaftslosigkeit besitzen – nicht nur für die Welt und das *Ashram*-Leben, sondern uns selbst gegenüber – können unsere Übungen der Gottespräsenz wirklich beginnen, Früchte zu tragen. Wenn diese Übungen beginnen, Früchte zu tragen, wenn wir gegenüber dem Geist und all seinen Tricks leidenschaftslos sind, dann entdecken wir, dass der Geist nicht länger ein Problem ist.

Solange wir glauben, wir könnten durch unseren Geist Glück erlangen, solange wird der Geist uns quälen. Wenn wir erkennen, dass der Geist genau wie die Welt ein Ort der Sorge ist und wir bereit sind, ihn loszulassen, um unser Glück allein bei Gott zu finden – dann hat er nicht länger die Kraft, uns zu stören. Mehr als das, er wird unser Diener. Wir sind nicht länger sein Sklave. Er kommt unter unsere Kontrolle.

Was uns in dieser Welt quält, ist das, von dem wir glauben, dass es uns glücklich macht – sei es Reichtum, ein anderer Mensch oder unser Geist. Leidenschaftslosigkeit erkennt, dass Glück nur in Gott gefunden werden kann – und dies gibt uns die wahre Motivation für die Übung der Gottespräsenz im Hier und Jetzt.

* * *

49.
Reinheit und spirituelle Erfahrungen

Gurudev legte drei Voraussetzungen für eine Mitgliedschaft in der DIVINE LIFE SOCIETY fest: *Ahimsa*, *Satya* und *Brahmacharya* (Nichtverletzen, Wahrhaftigkeit und Enthaltsamkeit). Er sagte: „Das ist die Basis für *Yoga* und *Vedanta*." In der Regel sagte Swamiji: „Nichtverletzen, Wahrhaftigkeit und Reinheit in Gedanke, Wort und Tat.", auch wenn das Wort *Brahmacharya* weitere Bedeutungen hat, wie „Kenntnis von *Brahman*" oder „in *Brahman* verweilend". Aber „Verweilen in *Brahman*" meint letztlich Reinheit.

Logischerweise bedeutet deshalb „Unreinheit" – „nicht in Gott verweilend". Es bedeutet, etwas für das individuelle Selbst zu wollen. Das ist also der springende Punkt des spirituellen Lebens. Weltliches Leben ist, etwas für ein individuelles Selbst haben zu wollen. Spirituelles Leben bedeutet letztlich, nichts für ein individuelles Selbst zu begehren, sondern alles Gott darzubringen, in Gott zu verweilen.

Was ist nun mit dem Verlangen nach spirituellen Erfahrungen? Viele Menschen auf dem spirituellen Weg legen großen Wert darauf, spirituelle Erfahrungen zu machen. Aber wenn du im Sivananda Ashram lebst oder den Umgang mit den älteren Heiligen des Sivananda Ashram pflegst, dann wirst du kaum wissen, dass es so etwas gibt. Sie werden nie erwähnt, außer indirekt. Warum das?

Ein Grund ist, dass spirituelle Erfahrungen uns den Weg zu dem weisen sollen, was nichts für ein individuelles Selbst will. Aber leider geschieht es häufig, wenn Suchende eine spirituelle Erfahrung haben, dass sie, sobald sie vorbei ist, von dem Getrenntheitsempfinden des Selbst, also des Egos, für sich beansprucht wird. Das ist sehr seltsam, denn wenn die spirituelle Erfahrung da ist und wenn es eine echte ist, dann gibt es dabei kein Gefühl von individuellem Selbst. Eher ist es ein weiteres Gefühl von Bewusstsein, ein göttlicheres Gefühl von Bewusstsein. Diese Erfahrung einem Ego zuzuschreiben, welches nicht einmal präsent war, verdirbt die Erfahrung.

Was sollten wir also tun, wenn wir mit einer spirituellen Erfahrung gesegnet werden? Wir sollten uns weigern, zu sagen, „Ich" hatte diese Erfahrung. Diese Erfahrung war eine Enthüllung des Göttlichen, welches wir bereits sind. Es hat nichts mit diesem falschen Ego zu tun, das wir die meiste Zeit glauben zu sein. Wir sollten die beiden niemals verwechseln. Reinheit (*Brahmacharya*) beansprucht nichts für sich selbst. Unreinheit beansprucht alles für uns selbst, leider einschließlich der spirituellen Erfahrungen.

Deshalb, wenn Gurudev sagt, wir sollen *Brahmacharya*, Reinheit in Gedanke, Wort und Tat üben – dann will er, dass wir alles Gott darbringen und nichts für uns selbst beanspruchen, insbesondere nicht die Gnade einer spirituellen Erfahrung.

***

50.
Die Erfahrung der Meditation in den Alltag bringen

Die Erfahrung der Meditation ist für jeden Suchenden eine andere. Für viele ist es eine Gelegenheit, den Namen Gottes zu wiederholen. Andere nützen die Gelegenheit, um die Natur der Wahrheit zu erforschen oder sich zu fragen: „Wer bin ich?“ Für einige kann es eine Zeit des Hinhörens sein. Dies kommt aus der Erkenntnis, dass es der eigentliche Zweck des Lebens ist, den Willen Gottes zu erfüllen und daher die Zeit der Meditation eine Gelegenheit ist, in Stille auf Seine Führung zu horchen. Für einige wenige ist Meditation eine Gelegenheit, sich in einen Bereich in sich von großer Stille zurückzuziehen, wo der Geist sehr ruhig wird.

In jedem Fall, unabhängig davon wie wir meditieren, der Zweck ist, so gut wir vermögen mit der höheren Realität in Berührung zu kommen, etwas näher zu einem Verständnis zu kommen, wer wir wirklich sind. Aber welchen Fortschritt wir in der Meditation auch machen mögen, mit welchem Gewinn wir auch belohnt werden mögen – die eigentliche Herausforderung ist, wie wir dies in den Rest unseres Tages mitnehmen; wie wir eine Veränderung in den Rest unseres Lebens bringen, in Übereinstimmung mit dem, was wir in der Meditation erreicht haben.

Gurudev hat uns eine sichere Methode gegeben, indem er uns auffordert, uns an *Ahimsa*, *Satya* und *Brahmacharya* zu halten. Die Weise, wie wir mit dem in Verbindung bleiben können, was wir in der Meditation gelernt haben, ist die bewusste Übung des Nichtverletzens, der Wahrhaftigkeit und der Reinheit in unserem Alltag. Wenn wir diese üben, unabhängig von der Entschlossenheit, unsere Meditation in unseren Alltag hinein zu nehmen, dann ist es nur die Übung von sehr wertvollen Tugenden. Wenn aber diese Übungen durch die Entschlossenheit motiviert sind, unsere Meditationspraxis in den Alltag zu integrieren, dann sind sie mit zusätzlicher Kraft aufgeladen, die uns auf dem Weg zum Ziel der Befreiung hilft.

Sie sind mit zusätzlicher Kraft aufgeladen, weil diese Eigenschaften ewig sind. Nichtverletzen, Wahrheit und Reinheit sind Ausdruck Gottes. Wenn sie unter dem Blickwinkel der Erfahrungen in der Meditation ausgeübt werden, werden sie durch die klare Vision und Reinheit des Göttlichen angereichert.

Unser spirituelles Leben ist also zweifach. Die Zeit der Meditation ist da, wo wir versuchen, zu erfahren, wer wir sind oder der Wirklichkeit näherzukommen. Unser tägliches Leben ist, wo wir versuchen, die Entdeckungen der Meditation in all unsere Aktivitäten zu integrieren. Wir bemühen uns, alles aus unseren Gedanken, Worten und Taten zu löschen, was der Wahrheit, die wir entdeckt haben, widersprechen könnte.

***

51.
Die Kunst und Wissenschaft des spirituellen Lebens

Swamiji benutzt gerne den Ausdruck: „Die Kunst und Wissenschaft des spirituellen Lebens". Mit diesen Worten versucht er uns darauf aufmerksam zu machen, dass das spirituelles Leben keine einfache Routine, nicht leicht zu verstehen und auch nicht irgendeine banale Sache, sondern vielmehr das Heikelste aller Dinge ist. Deshalb sollte unser Ansatz sein, es sowohl als Kunst, als auch als Wissenschaft zu betrachten – etwas, das alle Mittel und Ressourcen von uns abverlangt.

Die Notwendigkeit, das spirituelle Leben als Kunst und Wissenschaft zu betrachten, ist nirgendwo offensichtlicher als in unserer Annäherung an die Frage der Beziehung zwischen eigener Anstrengung und göttlicher Gnade. Wie viel unseres spirituellen Lebens hängt von unseren eigenen Bemühungen ab und wie viel von Gottes Gnade? Diese heikle Frage zu lösen, ist essentiell für unseren spirituellen Erfolg.

Glücklicherweise bieten uns die Schriften mindestens drei Beziehungsmodelle mit Gott an, an denen wir uns orientieren können:

- Das erste Modell ist die Beziehung zwischen Arjuna und Krishna (höchster Gott und Lehrer Arjunas in der „Bhagavad-Gita"). Arjunas Beziehung war eine des Gehorsams. Er sagt schließlich: „Ich werde Deinem Geheiß folgen." Und Sanjaya (der Seher und Berichterstatter des blinden Königs Dhritarashtra in der „Bhagavad-Gita") sagt: „Wo immer Arjuna kämpft und Krishna gegenwärtig ist, wird Erfolg das Ergebnis sein." In diesem Fall war also alles, was es brauchte, Krishnas Gegenwart und Arjunas Gehorsam gegenüber Seinen Anweisungen, zu kämpfen.

- Das zweite Modell ist die Beziehung zwischen den Himmelswesen und Karttikeya (Heerführer der Himmelswesen; Sohn Shivas; bekannt als Subrahmanya, Sharavanabhava, Muruga, Skanda, Kumara).

Unfähig die Dämonen zu besiegen, bitten die Himmelswesen die Gottheit Karttikeya, sie im Kampf zu führen. Wir haben hier also eine sehr aktive Beziehung. Die Himmelswesen wussten, dass sie kämpfen müssen, aber sie tun es unter der Führung und Begleitung ihres Gottes. Bei all ihrer Bemühungen und Kämpfe folgen sie täglich, stündlich, jeden Moment Gott.

• Das dritte Beziehungsmodell handelt vom Navaratri-Fest, bei der die besiegten Himmelswesen ihrem Gott bitten, für sie zu kämpfen. Aber sie machen sich die Mühe, zu bitten, und als ihr Gott den Kampf für sie gewonnen hat, preisen sie Ihn und erkennen, dass Er der einzige ist, der kämpfen und gewinnen kann.

Ob es das Beispiel aus der „Bhagavad-Gita“, von Skanda Shashti (Fest von Karttikeya) oder aus dem „Devimahatmyam“ (Hintergrundgeschichte und -schrift des Navaratri-Festes) ist, es ist in allen drei Fällen eine Kombination der Erkenntnis, dass man etwas tun muss und zwar beständig, auch wenn es das beständige Beten zu Gott ist und der Erkenntnis, dass der Mensch letztlich Gottes Führung folgen bzw. sich Ihm ganz anvertrauen muss. Es ist eine Kunst und eine Wissenschaft. Es ist etwas, was wir meistern müssen, wenn wir wollen, dass unser spirituelles Leben vorangeht.

***

52.
Die Integration von eigener Anstrengung und Abhängigkeit von Gott

Gurudev war kein abstrakter Lehrer. Er war sehr praktisch. Seine Lehren sind angefüllt mit „Tue dies, tue das", voll von Ermahnungen zur Eigenleistung. Swamiji hat auch selten zu uns gesprochen, ohne uns auf irgendeine Weise zu eigener Anstrengung und zu Veränderung zu ermutigen. Und gleichzeitig singt Swamiji immer wieder: „Ich bin nicht der Handelnde. Gott ist der Handelnde." Und es ist unser allgemeiner Sprachgebrauch, zu sagen: „Es ist Gottes Wille." Wenn uns etwas Gutes geschieht, danken wir Gott. Wenn etwas Unglückliches passiert, akzeptieren wir es als Gottes Willen.

Was wir oft nicht machen – obwohl es bewusst oder unbewusst unser *Sadhana* beeinflusst – ist, zu versuchen, dieses Paradoxon aufzulösen. Hängen mein *Sadhana* und meine Eigenleistung von mir ab oder ist Gott der Handelnde, ist alles Seine Verantwortung?

Wenn wir das Gefühl haben, die gesamte Verantwortung liegt bei uns und wir Gott nicht einbeziehen, dann verlieren unsere Bemühungen letztlich die Kraft. Wir drehen uns im Kreis und kommen nirgendwo hin. Genauso, wenn wir alles Gott überlassen und sagen, es hängt alles von Ihm ab. Vielleicht sagen wir, dass alles, was wir je in unserem spirituellen Leben erreicht haben, unerwartet von Gott kam; deshalb warten wir einfach auf Ihn. Aber in diesem Fall können wir auch warten und warten und unser spirituelles Leben ist am Ende nicht so lebendig, wie es sein sollte.

Ein weiser Mensch hat eine sehr interessante Lösung für dieses Paradoxon vorgeschlagen: „Arbeite, als hinge alles von dir ab. Bete, als hinge alles von Gott ab." In vielerlei Hinsicht ist das eine wunderbare Lösung. Aber möglicherweise hat *Vedanta* eine bessere Antwort für uns, die wir auch in unserem täglichen praktischen Leben anwenden können.

Vedanta erklärt, dass alles *Brahman* ist, aber auch, dass du Das (*Brah-*

man) bist. Wenn wir also erkennen, dass alles Gott ist, hängt folglich alles von Gott ab und wenn wir gleichzeitig erkennen, dass wir Das sind, dann können wir fühlen, dass unsere Eigenleistung Teil der Leistung Gottes ist. Gott und wir selbst sind Eins, unsere gemeinsame Anstrengung ist eins. Wir merken, dass das Selbst, welches sich bemüht, ein Selbst jenseits unserer Vorstellung ist. Es ist ein Selbst, welches wir nicht begreifen können. Es ist das Selbst, das genau jetzt, hier in diesem Moment Zeuge von allem ist, was geschieht.

Hier kommt es also zu einer Integration von eigener Anstrengung und Abhängigkeit von Gott. Das Selbst, das sich bemüht – unabhängig davon, welche scheinbaren Widersprüche es gibt - ist nichts anderes als Gott, auf den wir vertrauen müssen. Wenn wir diese Integration, dieses Verständnis verinnerlicht haben, wird unser spirituelles Leben einen soliden Fortschritt machen.

Wie lange es bis zur Erfüllung dauern wird, weiß niemand von uns, weil keiner von uns weiß, wie viel von unserem alten Selbst noch abgetragen werden muss. Eines aber wissen wir. Wenn unser spirituelles Leben keinen wirklichen Fortschritt mehr zu machen schien und wir diese Integration herbeiführen, werden wir einen Unterschied bemerken.

***

53.
Die Entdeckung des Grundsätzlichen im spirituellen Leben

Vor einigen Generationen gab es in Deutschland einen brillanten jungen Musiker. Er war offensichtlich dabei, ein weltweit bekannter Organist zu werden, als er in sich plötzlich einen Ruf vernahm, diese aussichtsreiche Karriere zu verlassen und Medizin zu studieren – und danach den Armen in Schwarzafrika zu dienen. Sein Name war Albert Schweitzer. Er folgte diesem Ruf und wurde später zur Inspiration von Millionen.

Es gab jedoch einen interessanten Wendepunkt in seinem spirituellen Leben, der nichts mit seinem Verzicht zu tun hatte. Eines Tages in Afrika fuhr er in einem Kanu auf einem Fluss entlang und plötzlich kamen ihm die Worte: „Ehrfurcht vor allem Leben". Diese stillen Worte brachten eine grundlegende Wandlung in seine Einstellung zum Leben und sie wurden nicht nur zur Basis seines spirituellen Lebens, sondern auch zur Grundlage seines Dienens.

Als Suchende gibt es wahrscheinlich, bewusst oder unbewusst, etwas Grundlegendes in unserem spirituellen Leben. Es kann der Ruf des Nichtverletzens sein, der Ruf zur Wahrheit oder der Ruf zur Reinheit. Es kann ein Ruf zu Glaube oder Vertrauen sein. Es kann ein Ruf zu Hoffnung oder Liebe sein. Wenn wir unser eigenes spirituelles Leben untersuchen, werden wir zwar viele Dinge finden, die uns inspirieren, viele Dinge, zu denen wir uns berufen fühlen – aber im Grunde gibt es wahrscheinlich einen für uns grundlegenden Wert. Bei Mahatma Gandhi war es Wahrheit in allen Formen.

Ist es wichtig für uns, diesen grundlegenden Wert zu erkennen und uns daran zu erinnern? Eine der größten Gefahren im spirituellen Leben ist Abschweifen oder wie Swamiji oft sagte, dass wir nicht merken, wie rasch die Zeit vergeht. Wir neigen dazu, in unserem spirituellen Leben schlafen zu gehen, wir fordern uns nicht. Diese grundlegenden Werte, die Gott uns gegeben hat, wie die Übung von Wahrheit, Reinheit, Nichtverletzen, Glaube, Hoffnung und Liebe sind dazu bestimmt, die Basis unseres spirituellen Lebens zu bilden. Wir sollen sie als Hilfe nutzen, um uns in eine andere Dimension zu bringen.

Es ist klar, dass wird dadurch auf Widerstände stoßen werden. Das spirituelle Leben kann nicht immer reibungslos sein. Wenn jemand von uns wie Mahatma Gandhi zur Wahrheit gerufen wird, gibt es Zeiten, in denen dies sehr schwierig wird. Wir werden bis zum Äußersten geprüft werden. Aber nur durch Prüfungen wachsen wir. Nur wenn wir gedrängt werden, gehen wir wirklich voran. Sonst schweifen wir ab. Swamiji sagte oft: „Es genügt nicht, einfach darauf zu warten, dass Dinge geschehen. Wenn du das tust, ist alles, was du bekommst, deine karmischen Muster. Du musst dem spirituellen Leben aktiv folgen."

Wenn wir jetzt noch nicht so genau darüber Bescheid wissen, kann es für jeden von uns hilfreich sein, herauszufinden, was die wirkliche Grundlage unseres persönlichen spirituellen Lebens ist. Denn unabhängig davon, was wir sonst praktizieren, welchen anderen spirituellen Aktivitäten wir nachgehen, müssen wir uns an diese eine grundlegende Tugend erinnern, diesen einen fundamentalen spirituellen Wert. Und wir müssen ihm aktiv nachgehen. Wir müssen uns selbst täglich prüfen, um zu sehen, ob wir ihn auch leben.

Wenn wir das tun, muss unser spirituelles Leben einfach vorangehen. Weil dies das ewige Gültige ist. Das sind keine normalen Tugenden. Nichtverletzen, Wahrheit, Reinheit, Hoffnung, Glaube, Liebe – das sind Merkmale des Göttlichen. Und deshalb, wenn wir sie bis an ihre Grenzen ausüben, wenn wir uns wirklich drängen, dann müssen wir zwangsläufig näher zum Göttlichen und zu unserem Ziel kommen.

* * *

54.
Feste Vorstellungen überschreiten

Seit undenklichen Zeiten versucht der Mensch die Wahrheit seiner Existenz zu ergründen: „Wer bin ich? Woher kam ich? Wohin gehe ich? Was ist meine Aufgabe, während ich hier bin?“ Normalerweise können diese Fragen im Alltag nicht gestellt werden. Ohne Zweifel wurden sie ursprünglich unter dem Sternenhimmel gestellt, wenn man entspannt und der Geist in einem feineren Zustand war. Diese Fragen wurden immer weiter gestellt, der Geist wurde stiller und feiner und kam näher zu einer Antwort. Die Antwort kam eigentlich nie in Worten, sondern in Form von Erfahrungen, weil die gesuchte Wahrheit jenseits des Verstandes lag und sehr, sehr fein und subtil ist.

Wenn wir also heute nach Wahrheit suchen, ist die oberste Qualifikation ein feinsinniger Geist oder eben ein feinsinniges Wesen. Ein grober Geist und ein grobes Wesen können die Wahrheit nicht erreichen. Deshalb ist das Fundament des spirituellen Lebens eine Verfeinerung unseres Wesens – all unsere moralischen und spirituellen Übungen sind dafür da, uns dazu zu verhelfen. Letztlich dämmert die Wahrheit in einem reinen Herzen.

Die „Dämmerung“ der Wahrheit ist ein gutes Sinnbild, weil die Wahrheit nicht begreifbar ist. Sie ist etwas, das wir werden. Wie Swamiji regelmäßig sagt: „Es ist nicht etwas, was wir mit dem Verstand wissen, sondern es ist etwas, was man direkt erfährt.“ Was ist die wichtigste Voraussetzung, um diese Erfahrung zu erreichen? Offensichtlich ist es ein gereinigter Geist. Dann stellt sich die Frage, was uns daran hindert, einen dieserart gereinigten Geist zu haben? Swamiji erinnert uns immer wieder: „Es ist ein Geist, der sich durch die Sinne nach außen wendet. Es ist ein Geist, der sich nach äußeren Objekten sehnt.“

Aber als Suchender der Wahrheit gibt es noch eine andere Unreinheit, derer wir uns nicht so leicht bewusst werden - das sind unsere Vorstellungen von der Wahrheit. Auf unserer Suche nach Wahrheit entwickeln wir Konzepte oder Vorstellungen davon, was die Wahrheit ist. Das ist vollständig zulässig und auch wirklich notwendig. Wir müssen uns von da, wo wir sind, zu etwas Höherem bewegen. Dies erfordert tiefes Nachdenken, Reflexion und Konzepte. Aber der Prozess des Denkens ist ein Kampf. Es ist harte Arbeit. Wir gehen durch Zeiten von Unsicherheit und Zweifel und dann endlich dämmert etwas. Wenn etwas dämmert, fühlen wir eine Erleichterung, wir fühlen uns angenehmer. Dann besteht die Versuchung, sich niederzulassen, sich angenehm auszuruhen, da wir das Gefühl haben, die Wahrheit zu kennen.

Das nennt man eine fixe Idee, eine feste Vorstellung. Es bedeutet, dass wir in diesem Zustand festgefahren sind, es sei denn, wir merken, dass dies nur ein vorübergehender Rastplatz ist, von dem aus wir einen weiteren Schritt nach oben machen müssen. Eigentlich ist es einfach ein Veredelungsprozess. Unsere Konzepte müssen feiner und feiner werden, bis wir bereit sind, alle Konzepte hinter uns zu lassen und einfach in der Wahrheit selbst zu ruhen.

Krishna fordert uns auf, alle *Dharmas*, alle Vorstellungen, davon was die Wahrheit sei, hinter uns zu lassen und Zuflucht zu Ihm allein zu nehmen. Deshalb ist Selbsthingabe für das spirituelle Leben so wichtig – ein Loslassen von allem, was wir denken, von allem, was uns von unserem Nächsten trennt und in der Wahrheit der Einheit zu ruhen. Die letzte Wahrheit des *Advaita* ist keine Vorstellung. Es ist nichts, was wir begreifen können. Es ist etwas, das wir sein und zum Ausdruck bringen müssen.

***

55. Die Lehren richtig verstehen

In seiner aktiven Lehrzeit hat unser verehrter *Vedanta*-Lehrer, Swami Brahmanandaji, manchmal gesagt: „Es ist kein wirkliches Problem, wenn du die Wahrheiten und spirituellen Lehren nicht verstehst, aber es kann sicher ein Problem sein, wenn du sie missverstehst.“ Das scheint einfach zu bedeuten, dass wir, wenn wir die Lehren nicht verstanden haben, bescheiden mit unserer Suche nach einem besseren Verständnis fortfahren können. Aber wenn wir sie missverstehen, dann suchen wir möglicherweise jahrelang in einer falschen Richtung, wo wir nicht auf die Wahrheit treffen können.

Zum Beispiel können viele Missverständnisse daher kommen, dass wir die Welt als „unwirklich“ beschreiben oder wenn wir unsere gegenwärtige Erfahrung als „einen langen Traum“ bezeichnen, aus dem wir erwachen müssen. Wenn unsere Lehrer Bemerkungen solcher Art machen, haben sie etwas Spezielles im Sinn. Wir sollten versuchen zu verstehen, was sie damit meinen und sie nicht missverstehen.

Wenn Schüler hören, dass wir aus unserem langen Traum erwachen sollen oder dass die Welt nicht real ist oder dass der Geist zum Nicht-Geist wird, denken sie oft, es sei notwendig, eine Veränderung hervorzurufen, in welcher diese Welt irgendwie verschwindet und sie in einem Zustand sind, in dem es keine Welt und keinen Geist gibt oder wo sie in einer völlig neuen Welt aufgewacht sind. Aber wenn wir unseren gesunden Menschenverstand einsetzen und schauen, wie Gurudev gewirkt hat oder wie die langjährigen Bewohner des *Ashram* wirken, dann sehen wir Menschen, die völlig in dieser Welt und überhaupt nicht zerstreut zu sein scheinen. Sie setzen sich ständig mit den harten praktischen Erfordernissen der Welt, in der wir leben, auseinander.

Heißt das, dass die Welt für sie kein vorübergehendes Schauspiel ist und dass ihr Geist nicht aufgehört hat, Geist zu sein? Lasst uns versuchen, das von ihrem Standpunkt aus zu sehen. Wie kann die Welt verändert sein und doch dieselbe? Um ein prosaisches Beispiel zu nehmen: Wenn wir ein tragisches Erlebnis haben, ist die Welt für uns verändert und doch ist sie äußerlich dieselbe wie immer. Genauso bleibt, wenn sich ein Mensch verliebt, die äußere Welt gleich, aber innerlich sieht man alles in einem neuen Licht. Oder wenn ein Paar sein erstes Kind hat, bleibt der Rest der Welt gleich, aber die Verantwortung für ein Kind hat ihr Leben stark verändert.

Man sagt uns, wir sollen aufwachen. Bedeutet das, dass wir nicht mehr denken oder Erinnerungen haben sollen, da der Geist doch zum „Nicht-Geist" werden soll? Nein, nach und nach finden wir einen neuen Standort. Statt dass unsere Energie und unsere Identifikation in die wechselnden, vorübergehenden Stimmungen unseres Geistes fließt – in unsere Gefühle, was wir denken, in unsere Erinnerungen –, verlagern sie sich in eine Dimension, die nicht lokalisiert werden kann, die immer gleich bleibt, die nicht in Worte gefasst werden kann und dennoch sehr real ist. Nach und nach wird der Geist dann zum „Nicht-Geist", weil unsere Aufmerksamkeit nicht auf den Geist (im Sinne von Gemüt, Psyche) gerichtet ist, sondern auf etwas anderes. Von diesem neuen Standpunkt aus hat die Welt nicht mehr dieselbe Wirklichkeit. Sie wird zu einem vorübergehenden Schauspiel, an dem wir voll und ganz teilnehmen, aber aus einer anderen Perspektive.

Deshalb ist es wichtig, dass wir das, was wir hören, für uns untersuchen, bis wir es aus der Perspektive der Lehre verstehen können. Das hält uns auf dem rechten Weg und bringt unser spirituelles Leben vorwärts.

* * *

56.
Der spirituelle Zweck von Japa

Swami Ramdas, ein Zeitgenosse von Gurudev, empfahl nur ein *Sadhana*, und zwar die Wiederholung des göttlichen Namens. Während er manchmal sagte, jede Wiederholung des Namens Gottes sei gut, machte er zu anderen Zeiten klar, dass Wiederholung nur dann von wirklichem Nutzen sei, wenn sie mit Verständnis gemacht wird.

Was für ein Verständnis sollten wir also haben, wenn wir den Namen Gottes wiederholen?

Normalerweise wird das Verständnis, welches uns individuell nützt, von Gott offenbart oder wir entdecken es durch die Erfahrung während der Wiederholung des *Mantra* selbst. Aber es gibt einige Grundlagen für die *Mantra*-Wiederholung, die wir bedenken können, denn sie können uns helfen, die Wiederholung des Namens mit unserem grundlegenden spirituellen Prozess zu harmonisieren.

Der erste Punkt ist, dass die Wiederholung des Namens uns hilft, den Geist zu konzentrieren. Unseren Geist auf den Namen zu konzentrieren, bedeutet, ihn von äußeren Sinnesobjekten zu lösen. Wir lösen uns also selbst von der Anhaftung an Sinnesobjekte. Während der Konzentration auf den Namen sollte gleichzeitig ein Gefühl der Gegenwart Gottes aufkommen. Wir praktizieren also gleichzeitig die Gottesgegenwart oder verbinden uns mit Gott.

Das ist der grundlegende Prozess spirituellen Lebens: Loslösung von weltlichen Dingen und die Gegenwart Gottes praktizieren – in Gurudevs Worten: Lösen und Verbinden. Das ist die spirituelle Praxis, mit der wir immer fortfahren sollten, egal ob wir gerade den *Mantra* wiederholen oder nicht.

Wir haben uns durch Identifikation, Vorlieben und Abneigungen, Liebe und Hass an die Dinge der Welt gebunden. Wir identifizieren uns nicht nur mit einem Körper und haften an ihm, sondern wir identifizieren uns emotional mit fast allem um uns herum. Der Prozess der Identifikation, der Anhaftung, der Zu- und Abneigung, der Liebe und des Hasses erschafft die „Hölle“ für uns selbst und für die Menschen in unserer Umgebung. Rückzug von der Identifikation und Anhaftung, was erfahrungsgemäß geschieht, wenn wir den Namen Gottes rezitieren, gibt uns die Gelegenheit, den grundlegenden spirituellen Prozess von Nichtanhaftung und gleichzeitiger Konzentration unseres Geistes auf Gott zu üben, wenn wir versuchen zu verstehen, was geschieht.

Deshalb ist aller *Japa* (*Mantra*-Wiederholung) zweifellos gut für uns, aber wenn *Japa* auch nur mit einem einfachen Verständnis des Prozesses selbst ausgeführt wird, kann er von gewaltigem Nutzen für uns sein; insbesondere dann, wenn wir dieses Verständnis in den Rest unseres Leben und unsere anderen spirituellen Übungen hineintragen.

***

57.
Wahrer selbstloser Dienst

In einer seiner Morgenansprachen beschrieb Swamiji Gurudevs Flexibilität. Er sagte, dass Gurudev immer auf die individuellen Bedürfnisse seiner Schüler einging. Deshalb waren seine Anweisungen nicht fest; er war darauf vorbereitet, jeden Moment etwas zu ändern. Aber dann sagte Swamiji: „Etwas, worauf Gurudev immer bestand, war die Notwendigkeit des selbstlosen Dienstes."

Wenn es ein immer wiederkehrendes Thema in Swamijis Lehren und seinem persönlichen Beispiel gibt, ist es selbstloser Dienst. Wir sollten uns jedoch im Klaren sein, was mit „selbstlosem Dienst" gemeint ist. Normalerweise denken wir, es bedeutet, dass wir etwas nicht für uns selbst tun. Unser Dienst ist nicht direkt für unseren Nutzen und es kann sogar ein finanzielles Opfer damit verbunden sein. Das ist sicher richtig und hilft uns in unserem Prozess der Reinigung. Normalerweise sind wir so selbstbezogen, dass andere wenig mehr als Objekte für uns sind. Wenn wir also versuchen, das Leid anderer zu mildern, wenn wir andere unterstützen wollen, erkennen wir wenigstens, dass andere genauso sind wie wir.

Aber während Gurudev ständig selbstlosen Dienst proklamierte, sagte er auch, nur ein Heiliger könne wahren selbstlosen Dienst leisten. Das ist ein wichtiger Punkt, den wir bedenken sollten. Denn wenn wir selbstlos dienen, kann das eine Richtlinie sein, wie unsere innere Einstellung dabei sein sollte.

Der Grund, warum nur ein Heiliger echten selbstlosen Dienst leisten kann, liegt darin, dass nur ein Heiliger ohne ein Selbst ist. Deshalb kommt, was immer er tut, nicht von ihm, sondern Gott handelt durch seinen Körper und Geist. Unsere Schwierigkeit mit dem selbstlosen Dienen ist, dass wir uns noch als die Handelnden fühlen. Wenn wir uns als Handelnde fühlen, kümmern wir uns zwangsläufig um die Ergebnisse unserer Taten. Wenn es gut läuft, sind wir zufrieden und sogar stolz darauf. Wenn es nicht so gut läuft, sind wir bekümmert. Während also dieser Dienst anderen nützt und uns hilft, Mitgefühl für andere zu gewinnen, ist er nicht *Karma Yoga*. Er überbrückt nicht den Abgrund zwischen dem, wo wir stehen und dem, wo ein Heiliger steht.

Um diese Kluft zu überbrücken, müssen wir selbstlosen Dienst in Yoga verwandeln. Das ist es, was Krishna meint, wenn Er uns ermahnt, unser Gefühl, der Handelnde zu sein, aufzugeben, uns nicht um die Ergebnisse unserer Taten zu kümmern. Aber das ist ein sehr subtiler Yoga; wenn wir diese Lehre missverstehen und in unseren Bemühungen nachlassen, leidet unser Dienst. Deshalb wird empfohlen, „alles Gott darzubringen". Das sind Ansätze, die viele von uns besser verstehen und an die wir uns einfacher halten können.

Es ist wichtig uns zu erinnern, dass der ganze Sinn aller spirituellen Praktiken – einschließlich des selbstlosen Dienens – ist, die Vorstellung eines getrennten Ichs allmählich loszuwerden. Wenn unser selbstloser Dienst dies nicht bewirkt, wenn er unser Ego weiterhin intakt lässt, dann bewirkt er nicht das, was er eigentlich soll. Letztlich müssen wir unser ganzes Leben in eine Haltung des selbstlosen Dienens verwandeln, was bedeutet, wir tun alles für Gott und nicht für uns selbst. Wir müssen zu einem Punkt in unserer Entwicklung kommen, an dem wir nicht länger an irgendetwas für uns interessiert sind, sondern nur zu einem Instrument Gottes werden wollen. Wenn diese Zeit kommt, dann wird unser selbstloser Dienst zum wahren selbstlosen Dienst – so wie Gurudev und Swamiji es meinen.

***

58.
Bestandsaufnahme

Das spirituelle Leben kann besonders am Anfang eine sehr emotionale Erfahrung sein. Wir können eine starke emotionale Reaktion auf eine spezifische spirituelle Begegnung, auf eine Lehre oder einen Lehrer haben. Unser Herz ist voll Begeisterung und nichts scheint uns wichtiger zu sein als das spirituelle Leben. Es kann uns so wichtig erscheinen, dass wir sogar unser bisheriges Leben hinter uns lassen und in ein neues Leben eintreten, das uns mehr Zeit für die spirituellen Praxis erlaubt.

Aber nach einiger Zeit merken wir, dass unsere Begeisterung abzuflauen beginnt. Wir werden vielleicht von anderen Aktivitäten abgelenkt, einige unserer alten Interessen erscheinen wieder. In Gurudevs Worten ist dies der Moment, in dem wir eine Bestandsaufnahme machen sollten; wir sollten schauen, wo wir wirklich stehen. Was ist unsere eigentliche Haltung zum spirituellen Leben? Wie wichtig ist es für uns? Wie wichtig ist es verglichen mit anderen Dingen in unserem Leben wie dem Verlangen nach Anerkennung, einen guten Eindruck zu machen, Macht zu haben, Geld zu haben? Das sind alles Konkurrenten unseres spirituellen Lebens.

Wir sollten nicht allzu schockiert sein, wenn wir sie entdecken. Warum sollten sie nicht da sein? Sie waren da, bevor wir Interesse am spirituellen Leben fanden. Sie wurden einfach von unserer anfänglichen Begeisterung verschüttet. Sie sind noch nicht erledigt.

Einen nach dem anderen sollten wir diese Konkurrenten prüfen, sie mit unseren spirituellen Fortschritten vergleichen und uns fragen, ob sie es wert sind, sie zu erfüllen. Ist es wichtig für uns, mehr Geld zu haben? Ist es wichtig für uns, Macht zu haben? Ist es wichtig für uns, Anerkennung zu erhalten? Es mag wichtig sein. Aber wie wichtig ist es verglichen mit dem Lebensziel, der Selbstverwirklichung? Wir sollten dies freimütig prüfen und fragen, was es durch mehr Geld, mehr Macht oder mehr Anerkennung zu gewinnen gibt? Ist es wirklich wichtig für uns?

Oder ist es nur etwas, in dem wir gefangen sind?

Durch unsere eigene Analyse entdecken wir, dass diese Dinge letztlich keine Bedeutung haben.

Wir sollten jedoch das Verlangen nach diesen oder auch anderen Konkurrenten, die wir entdecken, nicht unterschätzen. Sie sind in jedem von uns. Sie sind Teil des menschlichen Daseins. Sie sind nichts, dessen wir uns schämen müssten, es sei denn, wir weigern uns, sie anzuerkennen und mit ihnen umzugehen. Aber wir müssen sie erkennen und mit ihnen umgehen, sonst kriechen sie auf die eine oder andere Weise in unser Leben zurück und untergraben ständig unsere spirituellen Bemühungen.

***

59.
Werden wie Gott

Um in irgendeinem Bereich erfolgreich zu sein, ist es wesentlich, eine klare Vorstellung vom Ziel zu haben. Genauso wichtig ist eine klare Vorstellung, wie man dieses Ziel erreicht. Obwohl wir dies für das normale Leben sehr gut wissen, unterschätzen wir als Suchende erstaunlicherweise häufig die Bedeutung dieser Tatsache für das spirituelle Leben. Irgendwie machen wir weiter, ohne eine klare Vorstellung davon zu haben, was unser Ziel ist, noch wie wir dahin kommen.

Swamiji versucht uns immer wieder Methoden oder Wege zum Ziel aufzuzeigen. Etwas, was er immer wieder erwähnt, ist so einfach und selbstverständlich, dass es sich immer lohnt, sich daran zu erinnern: „Wenn du Gott werden willst, musst du zuerst werden wie Gott." Das bedeutet, wenn wir die Güte Gottes sein wollen, müssen wir zuerst gut sein und Gutes tun. Wenn wir voller göttlicher Tugenden sein wollen, müssen wir Egoismus, Begierde, Habgier, Hass, Ärger und Eifersucht loswerden.

Aber selbst nach Jahren praktizierter Tugenden und Loslassen von Lastern finden wir in uns manchmal eine tiefe Unzufriedenheit. Es ist, als hätten wir uns im Kreise gedreht, anstatt auf das Ziel zuzugehen. Aber wenn wir sie hinterfragen, kann uns sogar diese tiefe Unzufriedenheit etwas lehren. Denn Swamiji sagt immer wieder: „Gott ist ein Zustand totaler Zufriedenheit." Mit anderen Worten, wenn das, was wir tun, uns in einen Zustand der Unzufriedenheit bringt, sind wir nicht wie Gott. Man fragt sich also, ob vielleicht einer der direktesten Wege, um wie Gott zu werden – um zu praktizieren wie Gott zu sein – die Praxis der totalen Zufriedenheit wäre. Vielleicht ist es das, was der Apostel Paulus im Kopf hatte, als er einen Brief an eine seiner neuen Kirchen schrieb und darin sagte: „In allen Dingen gib Dank." Er sagte nicht: „Sei dankbar." Er sagte: „In allen Dingen gib Dank."(siehe Fußnote, S.134)

Aber wie können wir für all das um uns herum Dank geben, was nicht gut ist? Wie können wir für all die Dinge in uns Dank geben, die einfach verdorben sind? Aber Paulus sagt: „In allen Dingen gib Dank."[5]

Wie können wir das tun? Weil alles Gott ist. Was immer wir sehen, es ist einzig Gott. Deshalb bedanken wir uns für Seine Gegenwart in allen Dingen.

Mit anderen Worten, wir übergeben alles an Gott. Wir erkennen an, dass alles zu Ihm gehört. Wir bedanken uns für alle Dinge, wir praktizieren totale Zufriedenheit, weil alles zu Gott gehört. Das ist nicht etwas, das wir theoretisch tun können. Das ist nicht etwas, das wir intellektuell tun können. Dies muss vom Grunde unseres Herzens kommen.

Wenn wir das tun, werden wir eine Trennung vom Schmerz bemerken. Wir sind noch da, die Welt ist noch da, aber es gibt einen Unterschied. Dieser Unterschied ist der Weg zu unserem Ziel. Es ist ein Ort der Zufriedenheit. Das ist Werden-wie-Gott.

***

60.
Die Weisheit des Nichtwissens

Einer der größten Wissenschaftler, die jemals gelebt haben, war Isaac Newton. Er entwickelte ein Modell des Universums, das über 300 Jahre unhinterfragt blieb. Er glaubte, das Universum sei ein perfektes mathematisches Modell. Alles war festgelegt und konnte mit mathematischen Formeln erklärt werden. Dieses Modell wurde von Albert Einstein untergraben und von jenen, die ihm folgten, gesprengt. Auch wenn von einem praktischen Gesichtspunkt aus das, was Newton entdeckt hatte, für unser normales Leben noch immer gültig ist.

Gehen wir aber über das normale Leben hinaus, sei es nun in den Mikro- oder den Makrokosmos, dann bricht Newtons Modell der Welt einfach zusammen. Wenn die Wissenschaftler den Weltraum betrachten, kommen sie irgendwann an den Punkt, wo sie einfach „nicht wissen". Schauen sie in die kleinen und kleinsten Partikel, stellen sie fest, dass sie nicht mehr voraussagen können, was geschehen wird. Sie finden auch dort unvorhersagbare Prinzipien.

Was für diese äußere physische Welt zutrifft, hat Parallelen in der spirituellen Welt. Oft legen die Schriften ein Modell der spirituellen Welt dar, das bis zu einem bestimmtem Grade verständlich ist. Dies kommt von dem und das andere kommt von diesem. Aber wenn wir es sorgfältiger betrachten, merken wir, dass diese Modelle zusammenbrechen. Es ist nicht so, wie es zu sein scheint. Genauso wie die modernen Wissenschaftler immer und immer demütiger werden, je tiefer sie in die physikalische Welt eintauchen, so werden auch die spirituellen Sucher immer demütiger, je tiefer sie in die spirituelle Welt tauchen. Sie kommen näher und näher dahin zu sagen: „Ich weiß es einfach nicht."

Ein Charakteristikum der Großen, welche wir vielleicht das Glück hatten, erleben zu dürfen, ist, dass - unabhängig davon wie gebildet, heilig oder weise sie auch sein mögen – man dahinter eine große Einfachheit fühlt, etwas, das einfach nicht weiß, eine Unschuld. Jesus warnte uns vor der Weisheit. Er sagte: „Ich danke dir Vater, dass du sie verborgen hältst vor den Gelehrten und Weisen und sie den Kindern offenbarst."[6] Er sagte auch: „Wenn ihr nicht werdet wie die Kinder, könnt ihr nie in das Königreich des Himmels kommen."[7]

Wie ein Kind zu werden, bedeutet nicht, achtlos zu sein. Genau das Gegenteil. Es bedeutet, wachsamer zu sein, als wir es je waren. Aber in dieser Wachsamkeit ist ein tiefes Bewusstsein des letztlichen Nichtwissens und des endlich Hinter-uns-Lassens der menschlichen Weisheit. Wahre Weisheit ist eine loslassende Weisheit. Sie liegt in der Unschuld, im Nichtwissen. Aus diesem Nichtwissen heraus entstanden die Weisheit der Heiligen und der Schriften.

Das ist das Ziel, das wir letzten Endes suchen. Es geht nicht darum, etwas zu erreichen. Es geht nicht darum, etwas Großartiges zu gewinnen. Es gilt, sich von dieser Persönlichkeit zu befreien, die denkt, sie wüsste, die Dinge fordert, die ein König sein will – und in ein Stadium der Unschuld einzutreten, die nicht weiß, aus der jedoch große Weisheit kommt.

***

61.
Kein Raum für Zaghaftigkeit

Von allen Zielen, die ein Mensch in diesem Leben haben kann, ist Gottverwirklichung das schwierigste. Es ist auch jenes mit dem höchsten Lohn. Aber es wird so selten erreicht, dass viele Traditionen nicht davon sprechen, dieses Ziel zu erreichen, sondern eine höhere Wiedergeburt, einen höheren Himmel oder einen bestimmten Fortschritt in diesem Leben zu erzielen. Aber bei der DIVINE LIFE SOCIETY ist das nicht so.

Gurudev begann alle seine früheren Bücher mit dem Satz: „Das Ziel des Lebens ist Selbst-(Gott-)verwirklichung." Fortwährend sagte er: „Selbstverwirklichung ist dein Geburtsrecht." Obwohl er zahlreiche Bücher, Artikel und Broschüren schrieb, finden wir nirgends, dass er über das Ziel einer besseren Wiedergeburt spricht. Es geht immer um: „Sei gut, tue Gutes, erreiche das Ziel noch in diesem Leben."

Swamiji spricht auch ständig davon, dass Selbstverwirklichung unser Geburtsrecht ist. Er erinnert uns dauernd: „Du bist göttlich. Erkenne diese Wahrheit und lebe in ihrem Licht." Er spricht nie von einer besseren Geburt. Das einzige Zugeständnis, das er macht, ist, dass wenn du mit allem, was du hast, dem Ziel der Selbstverwirklichung zustrebst, dein Leben ein Erfolg ist - auch wenn du das höchste Ziel in diesem Leben nicht erreichst. Deshalb gibt es in den Lehren der DIVINE LIFE SOCIETY absolut keine Kompromisse. Die Herausforderung ist, hier und jetzt nach dem höchsten Ziel zu streben.

Diese Lehren lassen keinen Raum für Zaghaftigkeit. Sie lassen keinen Raum, zu sagen: „Ich bin es nicht wert. Es ist mir zu hoch. Es ist zuviel für mich. Ich werde es in einem anderen Leben erreichen müssen." Diese Art von Lehren finden wir an vielen anderen Orten, aber nicht unter dem Schirm der DIVINE LIFE SOCIETY.

Wieso sind wir in Bezug auf das Ziel so zaghaft? Das ist etwas, was jede/r für sich selbst herausfinden muss. Es kann sein, dass wir den Preis nicht wirklich bezahlen wollen. Aber das ist merkwürdig, denn wenn wir es analysieren, entdecken wir, dass alles, woran wir hängen, eine Quelle des Schmerzes ist. Wenn dies untersucht und entdeckt worden ist, ist kein Verzicht erforderlich. Die Dinge fallen von selbst weg. Zu guter Letzt müssen wir uns selbst einer aufrichtigen Untersuchung und Prüfung stellen, wieso wir zaghaft sind. Wir sollten dem auf den Grund gehen. Dann werden wir auf ehrlichem Boden stehen.

Auf jeden Fall lassen weder Gurudev, Swamiji, noch andere unserer älteren Lehrer Raum für Zaghaftigkeit in unserem Leben. Sie wiederholen unermüdlich: „Strahlender, unsterblicher *Atman*. Du bist göttlich. Göttlichkeit ist dein Geburtsrecht. Selbstverwirklichung ist dein Geburtsrecht. Strebe danach mit allem, was in Dir ist. Sei gut. Tue Gutes. Strebe, arbeite und erreiche!“ Das ist ihre Herausforderung für uns. Es liegt an jedem von uns, mit allem, was in uns ist, ihrem Ruf zu folgen.

***

62.
Befreiung ist unsere Verantwortung

Die alten Lehren Indiens erklären, dass das letztendliche Ziel des menschlichen Lebens *Moksha* (Befreiung) ist. Und zwar nicht nur für einige wenige sondern für alle. Wenn dem so ist, was sind dann die idealen Bedingungen, die uns die größtmögliche Gelegenheit geben, dieses große Ziel zu erreichen?

Vor vielen Jahren gab es zu der Frage, was die beste Atmosphäre für Schüler zum Lernen sei, in drei verschiedenen Klassen eine Studie: Die erste Klasse durfte alles selbst tun; die Schüler bekamen alle Unterlagen, aber nur ein Minimum an Leitung. Die zweite Klasse hatte eine sehr strenge Leitung. Die dritte Klasse hatte eine hilfreiche und liebevolle Leitung. Die Klassen hielten sich an den Ablauf. Diejenigen ohne Leitung erbrachten die schlechtesten Resultate. Die, welche die strenge Leitung hatten, waren etwas besser, aber die, welche die ermutigende Leitung hatten, erzielten die besten Resultate.

Als spirituelle Sucher nach dem Ziel des Lebens müssen wir uns fragen, welche Atmosphäre uns hilft, die besten Resultate zu erzielen? Man braucht nicht viel Vorstellungskraft, um zu erkennen, dass, wenn es keine Leitung gibt, dies der einfachste Weg ist, das Ziel zu verlieren. Gibt es jedoch eine sehr strenge, kritische Leitung, dann ist es uns vielleicht nicht erlaubt, aufzublühen. Wahrscheinlich richten wir unsere Konzentration dann mehr auf Gehorsam gegenüber dem Lehrer aus als auf das Finden der Wahrheit. Die ideale Situation wäre unter direkter spiritueller Führung, welche wüsste, wann sie uns ermahnen und wann ermutigen müsste.

Als Bewohner des Sivananda Ashram haben wir sicherlich keine Probleme wegen zu strenger Supervision. Und leider haben nur sehr wenige von uns die Gelegenheit, unter enger Anleitung eines führenden *Swami* zu stehen. Aber es gibt etwas, was wir beachten sollten. Wenn wir an Gurudevs Zeit zurückdenken, können wir beobachten, dass Gurudev viele seiner nahen Schüler wegschickte, nachdem sie eine Weile mit ihm zusammen waren. Sie hatten dann nicht länger seine direkte, persönliche Anleitung.

Während also für einen Schüler in der Schule eine enge, liebevolle Anleitung wahrscheinlich das Beste ist, gibt es im spirituellen Leben vielleicht noch einen anderen Aspekt, der noch wichtiger ist: Der Suchende muss erkennen, dass letztlich alles von ihm abhängt. Es gibt so viele Fälle von Leuten, die jahrelang in der Nähe eines großen spirituellen Lehrers leben und sich gar nicht verändern. Der Grund dafür scheint zu sein, dass sie unter diesen Umständen niemals Verantwortung für ihr eigenes spirituelles Leben übernehmen. Hier haben wir die Möglichkeit, unsere Zeit zu verschwenden. Anderseits bekommen wir alles Notwendige und die Lehren im Überfluss. Es gibt absolut keine Entschuldigung, zu sagen, wir hätten nicht die notwendige Führung.

Letztlich hängt das spirituelle Leben jedoch von einer inneren Entscheidung ab. Wollen wir wirklich *Moksha*? Wollen wir wirklich in diesem Leben befreit werden? Wenn die Antwort „Ja" ist, folgt die Frage, ob wir bereit sind, alles Notwendige zu tun, um das Ziel zu erreichen? Und wenn die Antwort wieder „Ja" ist, dann ist die dritte Frage, ob wir bereit sind, das bis zum letzten Atemzug durchzuhalten, unabhängig davon, welche Entmutigungen kommen mögen?

Ein intelligenter, motivierter Schüler wird erfolgreich sein, unabhängig von seinen/ihren Umständen. Wenn aber Schüler nicht entschlossen sind, das Ziel zu erreichen, wenn sie faul oder nachlässig sind, dann werden sie – unabhängig davon, wie hilfreich die Umstände sein mögen – nicht erfolgreich sein.

Es gibt also eine Sache, der sich jeder von uns stellen muss. Genau genommen hängt unser ganzes Leben, besonders jedoch unser spirituelles Leben, ganz von uns selbst ab. Wir müssen entschlossen sein, erfolgreich zu sein, bereit, alle unliebsamen Umstände zu überwinden und bis zum letzten Atemzug auszuharren.

***

63.
Wir sind Körper, Geist[8] und Seele[9]

Es ist eine stark verbreitete Erfahrung, dass wir wissen, wie wir handeln sollten, aber trotzdem ständig das Gegenteil tun. Das ruft normalerweise eine von zwei möglichen Reaktionen hervor: Entweder geben wir der Entmutigung nach, fühlen uns hoffnungslos und denken, es hat keinen Zweck oder wir geben vor, dass der niedere Teil nicht existiert. Mit anderen Worten, wir leben ein Leben der Leugnung der negativen Eigenschaften in uns, was uns zu Scheinheiligen macht.

Gibt es einen Ausweg aus diesem Dilemma? Der einzige Weg ist ein größeres Verständnis. Wir haben eine zu begrenzte Sicht von uns selbst. Wir sind so überzeugt, dass wir Körper und Geist sind, dass wir uns selbst nicht in einem größeren Blickfeld sehen. Swamiji betont, dass wir Körper, Geist und Seele sind, was bedeutet, dass, während Körper und Geist da sind, die Seele ebenfalls in uns gegenwärtig ist.

Wieso erkennen wir das nicht? Vielleicht deshalb, weil wir alle Aufmerksamkeit auf den Körper und Geist richten. Es ist eine traurige Wahrheit, dass die meisten Menschen nicht einmal zur Kenntnis nehmen, dass sie einen Geist haben, geschweige denn eine Seele. Ihre Aufmerksamkeit ist ganz auf den Körper gerichtet. Sie benützen natürlich ihren Geist, aber sie benützen niemals den selbstreflektierenden Teil des Geistes, der sagt: „Ich habe einen Geist und Verstand, ich kann denken und ich weiß, ich kann denken.“ Die Tatsache, dass sie innerhalb ihres Geistes die Möglichkeit zur Selbstreflexion haben, ist ihnen verloren gegangen. Für die Mehrheit der Weltbevölkerung ist die Seele nur eine Theorie.

Das gibt uns einen Hinweis. Grundsätzlich kann unsere Aufmerksamkeit entweder beim Körper, beim Geist oder bei der Seele sein. Sie geht zu dem Bereich, den wir pflegen. Wenn wir meditieren, versuchen wir unsere spirituelle[10] Seite zu pflegen und lenken unsere Aufmerksamkeit dahin. Warum? Damit wir uns ihrer bewusster werden und häufiger dort verweilen statt in unserem Geist oder unserem Körper. Aber nur weil wir in der Seele verweilen, bedeutet das, dass Körper und Verstand verschwinden? Bedeutet es, dass unser Körper keine Gelüste mehr hat oder unser Geist nicht mehr seine Eigenheiten?

Die Antwort lautet Ja und Nein. Ja, weil das Potential für all diese Eigenheiten und Gelüste da ist. Aber Nein, denn je mehr wir unsere Aufmerksamkeit auf die Seele lenken, umso weniger Energie haben diese Eigenheiten und Gelüste. Wir werden interessierter an der Seele und den höheren Dingen, statt den niederen nachzugehen.

Der Nutzen dieses Verständnisses ist, dass wir, wenn uns unsere physischen Gelüste quälen oder wir von den Eigenheiten unseres Geistes belästigt werden, demütig genug sein können, zu erkennen, dass sie Teil unseres ganzen Wesens sind. Aber sie sind nicht alles. Wir sind auch Seele. Und wir sind entschlossen, die Seele zu pflegen.

Wir geben zu leicht auf. Wir geben zu schnell auf. Wir sind auf einer langen Reise und für die große Mehrheit ist es eine „Schritt-für-Schritt-Reise". Ein Mensch unter einer Million mag eine spirituelle Erfahrung machen, die ihn vom Physischen zum Spirituellen erhebt. Aber Swamiji warnt uns davor zu denken, dass wir dieser Eine von einer Million sind. Wir sollten uns eher mit dem Rest der Menschheit identifizieren, welcher Schritt für Schritt vorwärts schreiten muss. Wenn wir bereit sind, einen Schritt nach dem anderen zu gehen, mag es Jahre dauern oder Jahrzehnte oder ein ganzes Leben – aber wenn wir uns in die richtige Richtung bewegen, dann muss es einen Fortschritt geben. Und wie Swamiji sagt, wir werden diesen Fortschritt entdecken, fast zufällig, während wir vorangehen.

***

64.
Führe uns nicht in Versuchung

In allen Religionen gibt es Gebete. Jede Religion hat bestimmte Gebete, die ihren besonderen Ansatz und Glauben beinhalten. In der christlichen Religion ist es das „Vater Unser". Jede Zeile dieses Gebets hat eine tiefe Bedeutung, über die man unbegrenzt meditieren kann.

Aber es gibt eine Zeile, die letzte, die schwierig zu verstehen ist. Sie lautet: „Führe uns nicht in Versuchung, sondern erlöse uns von dem Bösen." Das „erlöse uns von dem Bösen" können wir mehr oder weniger verstehen. Vielleicht ist es so etwas, wie Gurudev sagt: „Befreie uns von Egoismus, Gelüsten, Gier, Hass, Ärger und Eifersucht." Aber warum hat Jesus hinzugefügt: „Führe uns nicht in Versuchung?" Wie kann ein liebender, mitfühlender Gott uns in Versuchung führen? Es würde bedeuten, dass, nachdem wir all unser Vertrauen in Gott gelegt haben, Er uns auf Irrwege führen wird?

Wir müssen jedoch annehmen, dass es einen sehr wichtigen Grund dafür gibt, wenn Jesus diese Zeile in Sein Gebet aufgenommen hat. Einen Grund, den wir als Suchende versuchen sollten, zu verstehen. Wenn wir im spirituellen Leben sind und beharrlich daran festhalten, dann ist es normalerweise deshalb, weil wir eine gewisse Bestätigung, eine gewisse Gültigkeit darin gefunden haben. Wir haben eine Beziehung zu Gott entwickelt und fühlen seine Gegenwart in unserem spirituellen Leben. Wir fühlen eine Verbindung – dass Gott uns irgendwie führt. Aber dann wird das zu unserer neuen Identifikation. Und Gurudev hat uns vor all den verschiedenen Formen von *Abhimana* (Ego) gewarnt. Er hat uns gewarnt vor dem Sannyasi-Ego (*Sannyasi*: Mönch, Entsagter), dem Suchenden-Ego, dem Verehrer-Ego, dem vedantischen Ego.

Wenn wir uns um das spirituelle Leben bemühen, hilft uns Gott in unserem *Sadhana*. Deshalb leitet Er uns in unserem spirituellen Leben. Aber wenn wir ein spirituelles Ego vermeiden wollen, müssen wir uns an Gurudevs Mahnung erinnern: „Nichts gehört mir" und erkennen, dass das der Grund ist, warum Gurudev, Swamiji und viele andere große Heilige sagen: „Widme alles Gott." Denn was immer wir im spirituellen Leben erreicht haben, konnte geschehen, weil Gott es uns offenbart hat. Wir machen einen verhängnisvollen Fehler, wenn wir denken, dass es uns gehört. Wir haben Gottes Geschenk, Seine Führung, in einen Besitz unseres Egos verfälscht, anstatt Ihn anzuerkennen.

So könnten wir auf gewisse Weise sagen, Gott hat uns in Versuchung geführt. Aber genau das ist eine Versuchung. Wir brauchen uns nicht verführen zu lassen. Wir können Gott für alles dankbar sein, was wir erfahren haben, was wir gelernt haben, was Er uns offenbart hat und dann die Versuchung zurückweisen, das alles in unseren Besitz oder den unseres Egos zu nehmen. Stattdessen bringen wir es Ihm wieder dar. Sonst wird unser spirituelles Leben kontraproduktiv. Wir nehmen Gottes Geschenke und bauen unser Ego auf, anstatt es abzustreifen.

Die Prüfung unseres spirituellen Lebens ist, ob wir denken: „Ich habe mich verbessert, ich bin besser geworden" oder ob wir anfangen zu denken: „Nichts gehört mir, alles gehört Gott." Das ist ein sehr subtiler aber äußerst wichtiger Punkt. Wir können erkennen, dass wir uns verändern, aber diese Veränderung muss immer sein in Richtung: „Nichts gehört mir, alles gehört Gott." Das heißt „vom Bösen befreit zu werden".

Führe uns also nicht in Versuchung, sondern erlöse uns von dem Bösen. Das Böse denkt, dass uns etwas gehört. „Vom Bösen erlöst sein" heißt, alles wieder Gott zu Füßen zu legen.

***

65.
Was ist Unwissenheit?

Das Wort „Unwissenheit“ kann zwei Bedeutungen haben: Die allgemeinere Bedeutung ist, dass es etwas gibt, was wir nicht wissen. Es gibt ein Wissen, das wir nicht haben. Wenn wir im spirituellen Leben „Unwissenheit“ von diesem Standpunkt aus betrachten, bedeutet es, dass uns als Individuum einiges an Wissen fehlt. Es gibt etwas, das wir wissen sollten, etwas, dass wir erwerben müssen, um das gesuchte Ziel zu erreichen.

Aber es gibt eine zweite Weise, das Wort „Unwissenheit“ zu verstehen – nämlich dass wir falsche Vorstellungen haben. Vom spirituellen Gesichtspunkt aus bedeutet es, dass wir bereits sind, was wir sein oder erreichen wollen – das immer reine, vollständige Selbst –, der Geist aber falsche Vorstellungen hat. Wenn wir „Unwissenheit“ so betrachten, dann gründet unser spirituelles Leben auf der Tatsache, dass wir ewig frei sind, aber der Geist mit falschen Vorstellungen behaftet ist, die berichtigt werden müssen.

Von welchem Standpunkt aus wäre es nun weise, unser spirituelles Leben anzugehen? Gehen wir vom ersten Standpunkt aus – den anscheinend die meisten von uns haben –, dass wir als Individuum etwas nicht wissen, das wir kennenlernen sollten. Dann stehen wir auf dem Standpunkt, dass der Verstand die endgültige Realität erfassen kann. Aber das ist nicht, was die Schriften uns sagen. Die Schriften sagen, dass das, was wir suchen, jenseits des Verstandes liegt. Dies hilft, zu erklären, wieso wir nach jahrelangen Bemühungen und Anstrengungen dem Ziel scheinbar nicht näher gekommen sind.

Es weist auch darauf hin, dass der andere Ansatz besser wäre und vielleicht war das der Grund, weshalb Gurudev und Swamiji immer mit der höchste Wahrheit „du bist göttlich“ beginnen. Mit anderen Worten, die wichtigste Übung des spirituellen Lebens ist die Bekräftigung, dass wir Das jetzt sind. Es gibt Unwissenheit, falsche Ideen und Unreinheiten im Geist, die bearbeitet, ausgeglichen und aufgeräumt werden müssen. Aber die wichtigste Einstellung ist, dass ich diese vollkommene Wirklichkeit bin, jetzt, in diesem Moment.

Was sind diese falschen Vorstellungen, an denen wir arbeiten müssen? Es gibt natürlich Legionen davon, ohne Ende, aber die fundamentale ist die Idee, dass ich nicht das Vollkommene bin, sondern ein begrenzter Körper und Geist. Das ist die grundlegende falsche Vorstellung. Alle anderen falschen Ideen kommen von dieser ersten Unwissenheit: Die Vorstellung, dass ich zu dieser speziellen Familie, dieser speziellen Nation gehöre und dass dies der richtige Weg ist, wie sich Menschen verhalten sollten und das der falsche Weg, dass dies getan werden sollte und jenes nicht getan werden sollte. Alle diese Vorstellungen beruhen auf Unwissenheit; sie sind Teil unserer falschen Vorstellungen.

Solange unser spirituelles Leben auf der Überzeugung basiert, dass es etwas Neues ist, was wir erreichen müssen, werden wir den Rest unseres Lebens eine Blockade nach der anderen entdecken und damit kämpfen. Deshalb ist es offensichtlich, dass es der einzige Ausweg ist, der Praxis der Heiligen zu folgen – unsere tatsächliche Vollkommenheit hier und jetzt zu bestätigen und nach und nach alle falschen Vorstellungen abzuwerfen.

***

66.
Unsere Ergebenheit vertiefen

Wenn wir Glück hatten, wurden wir in eine Familie geboren, die uns das Gefühl von Schutz und Sicherheit gab. Aber als wir älter wurden, mussten wir unübersehbar erkennen, dass das Leben überhaupt nicht sicher ist. Alles kann zu jeder Zeit passieren.

Wenn wir erkennen, dass unsere Gesundheit nicht sicher ist, unsere finanzielle Situation nicht sicher ist und wir positiv darauf reagieren, dann werden wir unseren Körper trainieren, wir werden mit unserer Ernährungsweise vorsichtig sein und hart arbeiten, um unser Geld für ein ordentliches Leben zu verdienen. Zweifellos werden wir dann auch eine Beziehung zum Göttlichen finden, die uns ein Gefühl von Geborgenheit und Sicherheit gibt. Wenn wir negativ auf diese Unsicherheit reagieren, werden wir unserem Körper Drogen und Aufputschmittel zuführen, um uns besser zu fühlen. Wir werden Geld besorgen, koste es, was es wolle und wir werden vielleicht sogar versuchen, unsere Zukunft zu beeinflussen und uns durch abergläubische Praktiken zu schützen.

Alle diese Aktivitäten unternehmen wir, weil wir instinktiv die Unsicherheit des Lebens spüren. Gleichgültig wie sehr wir versuchen, unsere Zukunft zu kontrollieren und unabhängig von welchem Gesichtspunkt aus wir handeln – wir bleiben in dem Wissen, dass das Leben letztlich unsicher ist. Mehr als das, je mehr wir versuchen, unsere Zukunft zu kontrollieren, umso unsicherer fühlen wir uns. Wenn wir Glück haben, werden wir feststellen, dass wir uns eher unsicherer als sicherer fühlen, je mehr wir versuchen, das Leben zu beherrschen.

In dieser Situation erkennen wir vielleicht, dass wir es auf falsche Weise angehen. Vielleicht sollten wir loslassen und uns ergeben, anstatt zu kontrollieren. Wenn wir darin erfolgreich sind, wenn unsere Ergebenheit ganz tief hinunter zu unseren Bedenken und Ängsten geht, dann entdecken wir das seltsamste Phänomen überhaupt: Je mehr wir die Kontrolle über unser Leben an eine höhere Kraft abgeben, desto mehr haben wir das Gefühl, Kontrolle und Verantwortung für unser Leben zu haben. Je mehr wir loslassen und Gott überlassen, umso eingebundener und sicherer fühlen wir uns.

Ein Phänomen, welches wir bei Swamiji beobachten können, ist, dass er an gar nichts zu hängen scheint. Was auch immer seinen Weg kreuzt, er scheint damit umgehen zu können, ohne mit der Wimper zu zucken. Unabhängig davon, was seine Pläne sind, lässt er es zu, sie zu verändern, wenn es die Umstände erfordern. Mit anderen Worten, er scheint aus einer Situation absolut nicht festgelegter Sicherheit zu agieren, aus einer totalen Offenheit heraus.

Das ist natürlich nicht etwas, was wir über Nacht ausbilden können. Aber wenn wir uns verstört fühlen – so als hätten wir keine Kontrolle in unserem Leben –, wenn wir uns frustriert fühlen, dann lassen wir nicht wirklich los. Vielleicht ist unsere Gottergebenheit nicht tief genug. Sie erreicht nicht die Tiefe, aus der unsere Unsicherheit hochsteigt.

Deshalb ist es notwendig, sich selbst zu beobachten, um auf einer sehr tiefen Ebene loszulassen. Wenn wir das tun, wird es sich uns beweisen. Wir werden erkennen, dass dies die Art zu leben ist, wie Leben gemeint ist.

***

67.
Uns mit Gott verbinden

Die anspruchsvolle Rede „Verbinde dich mit Gott“ aus Swamijs Buch „Nachsinnen über die Wahrheit“[11] ist herausfordernd, weil er darin sagt: „Es ist nicht wichtig, wie du dich mit Gott verbindest, sei es durch selbstlosen Dienst, Hingabe, Meditation oder Erforschung. Mache es mit irgendeinem Mittel. Aber tue es auf jeden Fall!“

Mit anderen Worten, der Zweck unserer spirituellen Praxis ist nicht irgendwie ein gutes Gefühl, ein Gefühl, etwas zu erreichen zu haben, sondern uns auf eine lebendige und kraftvolle Art und Weise mit Gott zu verbinden. Gibt es ein feines Geheimnis, welches wir verstehen sollten, was wirklich mit „verbunden mit Gott“ gemeint ist?

Manchmal, wenn wir Gottes Namen wiederholen, fühlen wir uns verbunden. Wenn wir eine Andacht oder einen Gottesdienst halten, können wir uns verbunden fühlen. Wenn wir eine Einsicht haben, können wir uns verbunden fühlen. Vielleicht löst die Sicht auf einen wundervollen Sonnenuntergang ein Gefühl von Verbundenheit aus. Aber ist dies die Verbindung, die damit gemeint ist? Ramana Maharshi machte sehr deutlich, dass, „mit Gott verbunden sein“ nicht etwas sein kann, das kommt und geht, einfach deshalb, weil Gott allgegenwärtig und ewig ist. Er kommt und geht nie.

Wenn wir in uns gehen, uns selbst erforschen und nachsinnen, werden wir erkennen, dass jede Verbindung, die wir fühlen oder kennen, aus einer Tiefe in uns hochsteigt, die der Verstand nicht erreichen und ergründen kann. Genau dort ist unsere wirkliche Verbindung zu Gott. Es ist in der inneren Tiefe unserer eigenen Subjektivität. Diese Verbindung ist jetzt da und ist immer da gewesen. Wir können niemals davon getrennt sein.

Diese Verbindung strahlt zu unterschiedlichen Zeiten auf verschiedene Weisen in unserem bewussten Geist. Aber was dort strahlt – und wir denken, es sei eine Verbindung – ist nicht die wirkliche Verbindung.

Es ist ein zeitlich begrenztes Phänomen. Die wirkliche Verbindung ist durch den Geist nicht erkennbar aber immer da. Unsere gesamte spirituelle Praxis ist dazu gedacht, uns zu dieser Erkenntnis zu führen: Gott ist hier und jetzt. Die Verbindung ist ewig. Sie ist für den Geist nicht greifbar und trotzdem eine Tatsache.

In dieser Tatsache sollen wir verweilen und in ihrem Licht leben. Wir sollen unsere Quelle erkennen und von ihr abhängen, nicht von gefühlten Erfahrungen, die unweigerlich kommen und gehen.

***

68.
Das wahre Du

Swamiji hat sehr klar gemacht, wenn die Schriften sagen: „Das bist Du“ – so ist das „Du“, auf welches sie sich beziehen, nicht das „Ich-der-mit-meinen-Ohren-hört“, der du denkst zu sein. Sondern sie beziehen sich auf das wirkliche „Du“. Was könnte dieses wirkliche „Du“ sein?

Einmal erzählte ein Schüler – der wohl dachte, er hätte etwas entdeckt – Swamiji über eine Erfahrung, in der die ganze Welt verschwand, einschließlich ihm selbst. Nur Existenz war da, aber es gab keinen Gedanken an irgendeine Existenz, weil es kein Denken gab. Es schien auf die Schriften in ihrer Beschreibung von *Brahman* zu passen. Aber Swamiji stellte eine Frage: „War es fühlbar?“ Der Schüler sagte ja und Swamiji schwieg. Ein anderes Mal beschrieb ein Schüler ein Erlebnis und sagte: „Plötzlich zuckten drei Gedanken durch meinen Geist: ‚Ich bin frei! Wer ist frei? Ich weiß nicht'.“ „Das ist es!“, rief Swamiji.

Um dieses Geheimnis verstehen zu können, sollen wir laut den Schriften unseren Tiefschlaf untersuchen und darüber meditieren. Im Tiefschlaf sind wir uns unseres Körpers, unseres Geistes und unseres Selbst nicht bewusst. Wir sind uns weder der Welt noch der Abwesenheit der Welt bewusst. Wir wissen aber, dass wir einen Tiefschlaf haben, also müssen wir da sein. Wir haben jedoch keinen Schimmer, wer oder was wir sind – wir sind nicht erkennbar, unbegreifbar.

Unser Ego und unser Geist wollen eine Identität, die erkennbar, begreifbar ist. Deshalb versuchen wir, uns konstant zu lokalisieren – normalerweise als einen Körper, manchmal als Verstand, Intellekt, Ich oder vielleicht als mystische Erfahrung. Aber Swamiji erinnert uns immer wieder: „Es ist das Unsichtbare, das wirklich ist. Das Sichtbare ist nicht wirklich.“ Das Wort „Unsichtbare“ bedeutet hier auch das „Nicht erkennbare“. „Es kann erfahren, aber nicht erkannt werden“, sagte Swamiji.

Deshalb kann uns die Erforschung des Tiefschlafs helfen, zu verstehen, was es ist, wonach wir suchen. Die Analyse zeigt uns, dass wir in

Abwesenheit des Geistes existieren und dass wir von der Natur reinen Bewusstseins sind, die grundsätzlich unerkennbar ist. Das ist unser wirkliches „Du".

Unser „Du" ist nichts anderes als Gott hier und jetzt, der Gott, der immer war, der jetzt ist und immer sein wird. Wir müssen aufhören, anderswo zu suchen und erkennen, was wir immer waren – unerkennbar, undenkbar. Das erfordert Bescheidenheit, Einfachheit und tiefes Vertrauen.

***

69.
Das Bewusste und das Unbelebte

Eines Morgens sagte Swamiji hier: „Du bist das bewusste Prinzip. Die Welt und alle Dinge, von denen du denkst, dass sie dich halten, sind unbelebt. Du bist es, der sich an diese Dinge bindet, nicht sie sich an dich. Du bist es, der sich an Essen bindet durch deine falsche Beziehung dazu. Du bindest dich an Alkohol durch deine falsche Beziehung dazu."

Und genauso sind wir es, die uns an eine Familie oder Institution binden durch unsere falsche Beziehung zu ihnen. Auch wählen wir selbst, ob wir uns an flüchtige Gedanken des Geistes (*Manas*) binden bzw. identifizieren wollen oder nicht.

Wenn Zweifel in unserem Geist sind, fühlen wir, dass wir dieser negative Teil unseres Geistes sind. Wenn etwas Positives in den Geist kommt, wechseln wir unsere Identifikation zum positiven Teil und fühlen, dass es das ist, was wir sind.

Wenn der Geist sich z. B. deprimiert fühlt, sagen wir: „Ich bin deprimiert". Wenn sich der Geist freudig erregt fühlt, sagen wir: „Ich freue mich". Mit anderen Worten, wir, die wir immer frei sind, haben uns selbst zu Sklaven des Unbelebten, der Welt und der Launen unseres eigenen Geistes gemacht.

Swamiji sagte uns immer wieder, dass wir Selbstbeobachtung üben sollen. Jetzt verstehen wir einen Grund, warum. Wenn wir es selbst sind, das bewusste Prinzip, das uns an die Welt bindet, so müssen wir dies entdecken, indem wir herausfinden, was sich tatsächlich in uns abspielt. Wir müssen entdecken und erkennen, dass wir einen Prozess durchlaufen, den wir „Bindung" oder „Anhaftung" nennen können.

Wir sind so daran gewöhnt, dass wir uns nicht vorstellen können, wie Leben ohne das aussehen würde. Aber wenn wir einmal einen flüchtigen Blick auf die Freiheit erlangt haben, können wir sehen, dass diese Bindung und Anhaftung das ist, was wir Hölle nennen. Das Erkennen unserer selbst als bewusstes Prinzip, ewig frei von der unbelebten Welt und unseren Gedanken, welche an sich auch unbelebt sind – das ist Harmonie, das ist der Himmel.

Deshalb liegt die letzte Verantwortung also nicht bei irgendeinem *Guru*, einer Schrift oder einer Institution. Die letzte Verantwortung liegt bei uns. Es gibt einen Bewohner in uns, der die Wahrheit kennt. Das ist die Wahrheit. In Gurudevs Worten: „Wir müssen uns lösen vom Hängen am Unbelebten und uns an die allgegenwärtige Wahrheit binden, die wir sind.“

***

70.
Unterscheidung

Eine der wichtigsten Fähigkeiten eines Suchenden ist die Unterscheidungsfähigkeit. Das ist ein grundlegendes *Sadhana*. Grundsätzlich sollen wir natürlich unterscheiden zwischen dem, was wirklich und was unwirklich ist, zwischen dem, was beständig und was befristet ist, was ewig ist und was vorübergeht. Wir sollen ebenso unterscheiden zwischen dem Angenehmen und dem Guten – dem, was angenehm ist für die Sinne und dem, was gut ist für unser spirituelles Leben. Wir sollen zwischen dem unterscheiden, was uns zum höchsten Glück führt und dem, was uns weiterhin im Karussell des samsarischen Lebens im Kreis drehen läßt.

Das letztendliche Ziel der Unterscheidungskraft liegt darin, uns eine Leidenschaftslosigkeit für dieses weltliche Leben zu geben, an das wir so sehr anhaften. Denn wer könnte ohne Leidenschaftslosigkeit für all diese weltlichen Dinge, nach denen wir verlangen, jemals auch nur in Erwägung ziehen, in einem Zustand ohne Wünsche zu verweilen?

Etwas anderes wobei Unterscheidungskraft uns helfen kann – und das ist ein Meilenstein auf dem Weg zur Leidenschaftslosigkeit – ist Objektivität. Es gelingt uns vielleicht nicht sofort, leidenschaftslos zu sein, aber wir können wenigstens versuchen, etwas Abstand zwischen uns und den Dingen dieser Welt zu schaffen, um sie etwas objektiver zu sehen. Und das Wichtigste, was wir objektiv anschauen sollten, ist unser Geist, unser Gedankenstrom.

Unsere eigentliche Bindung ist nicht so sehr die an die Dinge dieser Welt sondern vielmehr die an unseren Geist. Das ist unsere Bindung, denn es ist das, was wir denken, zu sein. Wir sind eins mit unseren Gedanken und Gefühlen. Die Unterscheidungsfähigkeit zeigt uns, dass wir genauso sagen: „mein Haus, mein Auto“, wie auch: „mein Körper, mein Geist“. Genauso wie wir nicht unser Auto, unser Haus oder unsere Familie sind – auch wenn wir uns damit identifizieren mögen –, genauso wenig sind wir Körper oder Geist. Körper und Geist mögen uns näher sein, aber sie sind trotzdem ein Objekt für uns. Da sie ein Objekt für uns sind, sollten wir versuchen, ihnen gegenüber objektiv zu sein.

Ein Gedanke, der in unserem Geist auftaucht, ist nicht mehr als andere Dinge, die uns nahe sind. Er taucht einfach auf. Vielleicht haben wir einen Gedanken, der uns verfolgt. Aber sind wir verantwortlich für den Gedanken, der da an erster Stelle ist?

Vielleicht sind wir durch ein Trauma gegangen, ein Ereignis, das uns einfach zugestoßen ist. Natürlich ist der Gedanke daran Teil unseres Gedankenstroms geworden. Wir können nicht damit umgehen, indem wir verneinen, dass es da ist; er ist Teil unseres Gedankenstromes. Aber wir können ihn wenigstens objektiv betrachten. Er ist in unserem Geist, unserer Psyche, aber wir sind es nicht, genauso wenig wie wir die Verletzung am Bein sind. Ein Fehler unseres Geistes mag in unserem Geist sein, aber er ist nicht wir selbst.

Also, die Unterscheidungsfähigkeit soll uns zusätzlich zu allem anderen auch helfen, unserem eigenen Geist gegenüber objektiv zu sein. Objektivität gegenüber dem Geist wird uns zum Nichtanhaften ihm gegenüber führen. Leidenschaftslosigkeit gegenüber unserem Geist erlaubt uns, die Gegenwart Gottes zu praktizieren – unser wahres Selbst.

* * *

71.
Unpersönlich werden

Wir mögen die Welt in Begriffen von Bergen, Meeren, Menschen und Pflanzen – so vielen Dingen beschreiben. Aber wenn die Schriften und Lehrer diese Welt beschreiben, tun sie es in Begriffen der Gegensatzpaare und der drei *Gunas* (Eigenschaften der Natur). Sie sprechen auf unpersönliche Art und Weise darüber. Sie sagen uns, dass alles innen und außen nichts anderes ist als die drei *Gunas* und dass alles, was wir sehen, sein Gegenteil hat.

Das ist nicht die übliche Art, wie wir uns oder die Welt beurteilen. Wir sehen nicht diese unpersönliche Mischung aller Dinge. Wir nehmen alles persönlich. In unseren Augen sind die Dinge normalerweise weiß oder schwarz, gut oder schlecht. Das heißt, dass wir alles nach unseren Vorlieben und Abneigungen beurteilen – selbstverständlich einschließlich uns selbst.

Das bedeutet auch, dass wir, wenn wir ins spirituelle Leben eintreten, nicht klar erkennen, dass wir beides haben – Vorzüge und Nachteile – denn wir sehen uns nicht unpersönlich. Wenn wir keine spirituellen Vorzüge hätten, wären wir nicht hier, wie Swamiji uns häufig hinweist. Aber wenn wir keine Nachteile hätten, wären wir schon verwirklicht. Deshalb ist es ganz klar unsere Aufgabe, dies zu erkennen, auf unseren Vorzügen aufzubauen und allmählich zu versuchen, unsere Nachteile zu verringern. Das erfordert engagiertes Bemühen.

Normalerweise meinen wir, diese Bemühung sei einfach zu viel für uns. Deshalb finden wir eine angenehme Stufe, wo uns nichts zu sehr stört. Aber das ist nicht der Sinn des spirituellen Lebens. Das spirituelle Leben soll umwandeln. Umwandlung und Veränderung sind von Natur aus störend, ob es uns gefällt oder nicht.

Wie können wir es vermeiden, in einem bequemen Stadium stecken zu bleiben und genügend starke Nerven zu haben, die es ertragen, gestört zu werden? Vielleicht ist die Antwort ganz einfach – nicht unbedingt leicht, aber einfach. Es gelingt uns nicht, das unpersönliche Spiel der drei *Gunas* zu erkennen. Es gelingt uns nicht, die Gegensatzpaare zu erkennen. Wir nehmen alles zu persönlich. Wir machen uns nicht die Unpersönlichkeit Gottes zu eigen, die Unpersönlichkeit des *Atman* (höheren Selbst), unserer wahren Natur.

Wenn wir bewusst üben, das Leben aus der Perspektive unserer wahren Natur zu sehen, können wir die Gegensatzpaare erkennen, das Spiel der drei *Gunas* sehen. Wie Krishna uns sagt, macht es dann keinen Unterschied, welcher *Guna* gegenwärtig ist. Wenn es keinen Unterschied macht, welcher *Guna* gegenwärtig ist, dann sind wir objektiv. Die Veränderung stört uns nicht. Wir suchen weniger eine angenehme Stufe.

Also mit Swamijis Worten: Wir müssen üben, über die Gegensatzpaare hinauszugehen, jenseits der drei *Gunas* unpersönlich zu werden. Aus dieser Perspektive können die nötigen Veränderungen und Wandlungen auf natürliche Weise geschehen und wir werden uns stetig auf das Ziel zubewegen.

***

72.
Die Wichtigkeit des Willens

Die Worte „Diene, Liebe, Meditiere, Verwirkliche“ im Wappen der Divine Life Society repräsentieren die vier hauptsächlichen Yogawege. Aber sie erschöpfen die Liste der wichtigen Yogawege sicherlich nicht. Yoga ist jede spirituelle Praxis, die uns näher zu Gott bringt, die uns mit dem Göttlichen verbindet.

Aber wenn wir sie analysieren, entdecken wir, dass sich eigentlich alle Yogawege auf einen „Yoga des Herzens“ oder „Yoga des Kopfes“ reduzieren lassen. Grundsätzlich sind wir Gefühle und Gedanken. Unsere Yogawege neigen dazu, der einen oder anderen Linie zu folgen – oder vielleicht einer Kombination von beiden.

Es kann sein, dass wir zwar eine Einsicht nach der anderen haben, viel über Gott erkennen oder sehr gottergeben werden und unsere Herzen sich nach Ihm sehnen, dass sich dieses Wissen oder diese Hingabe aber nicht in unserem alltäglichen Leben ausdrückt. Es überträgt sich auch nicht in unser äußeres Leben, wo unsere alten Eigenheiten und unsere Selbstsucht offensichtlich sind, noch macht es sich in unserem inneren Leben bemerkbar, wo wir vielleicht immer noch voller Wünsche und Ängste sind.

Wie ist das möglich? Wie kann es sein, dass wir verstehen können, dass alles göttlich ist und wir selbst Das sind. Wie können wir Hingabe für Gott haben und doch im Alltag derselbe Mensch wie immer sein? Vielleicht ist es deshalb, weil wir den dritten Hauptfaktor, der uns als menschliche Wesen ausmacht, nicht erkannt haben. Als menschliche Wesen sind wir nicht nur Denken und Fühlen sondern auch Wille. Der große deutsche Philosoph Immanuel Kant zeigte auf, dass der Wille übergeordnet ist.

Ein moderner spiritueller Lehrer sagt: „Es kümmert mich nicht, was du denkst oder fühlst. Es kümmert mich, was du tust.“ Eine Möglichkeit, diese Aussage zu deuten, ist: „Mich kümmert es nicht, ob du verwirrt bist oder dich elend fühlst, was zählt, ist, was du tust." Aber man kann es auch anders betrachten: „Es ist mir egal, wie erhaben deine Gedanken in der Meditation und wenn du an Gott denkst sein mögen. Es ist mir egal, wie fein deine Gefühle in der Meditation oder in der Praxis der Hingabe sein mögen. Mich interessiert, was du in deinem alltäglichen Leben tust. Wie gehst du mit deinen Wünschen um? Wie mit deinen Ängsten? Wie gehst du mit deiner natürlichen Selbstsucht um?"

Hier kommt der Wille ins Spiel. Wir sollen unsere erhabenen Gedanken und Gefühle ins tägliche Leben übertragen. Wenn er über Heilige sprach, sagte Swamiji, dass, wie wenig sie auch wussten, sie es im Alltag ausgedrückt haben. Mit anderen Worten, was zählt, sind ihre Taten.

Wir können unser ganzes Leben damit verbringen, mehr und mehr über Gott zu lernen, das Ego zu erforschen, wir können unser ganzes Leben lang den Namen Gottes wiederholen und Ihm ganz hingegeben sein, aber wenn wir das nicht ins alltägliche Leben übertragen, werden wir uns gar nicht ändern. Wir werden Gott tatsächlich nicht näher sein.

Also, wie gering unser Wissen auch sein mag, wir müssen es im Alltag anwenden. Wenn es nur Gott gibt, wenn wir uns Ihm wirklich ergeben haben, warum haben wir Ihm dann nicht unsere Ängste und Wünsche übergeben? Warum lassen wir sie nicht in Seinen Händen? Warum übergeben wir nicht alles Gott, legen Ihm unser Ego zu Füßen und sind erleichtert? Das ist es, was Gurudev von uns will. Aber um das zu erreichen, müssen wir nicht nur unser Herz und unseren Kopf einsetzen sondern auch unseren Willen.

* * *

73.
Ein verstehendes Herz

Eines Tages als Swamiji mit einem seiner Schüler sprach, sagte er: „Ich habe einen Intellekt, aber ich ziehe es vor, vom Herzen her zu handeln." Swamiji spricht selten von sich oder beschreibt sich in irgendeiner Weise. Wenn er es tut, muss es für einen bestimmten Zweck sein – normalerweise zum Nutzen des Schülers. Deshalb sind seine Bemerkungen es wert, darüber zu meditieren.

Was versuchte er also dem Schüler zu zeigen? In welche Richtung versuchte er den Schüler zu führen? Meinte er, dass er lieber wie ein fühlendes Wesen handeln solle statt wie ein denkendes Wesen? Das würde ihn nicht von dir oder mir unterscheiden.

Normalerweise reagieren wir auf die Welt vom Kopf oder vom Herzen her, von unseren Gedanken oder unseren Gefühlen. Eher weist Swamiji uns auf die erste Bitte im Universellen Gebet von Gurudev hin.

Nachdem er im ersten Teil seines Universellen Gebetes unseren Geist zum Mitgefühl, zur Schönheit und Großartigkeit Gottes erhoben hat, kommt Gurudev zu unseren Bedürfnissen zurück. Und das erste und wichtigste ist die Bitte: „Gib uns ein verstehendes Herz." Alles andere, worum er danach bittet, wie Ausgeglichenheit, einen ausgewogenen Geist, Glaube, Hingabe und Weisheit, ist abhängig und abgeleitet von einem verstehenden Herzen. Aber was ist dieses verstehende Herz, das eine solche Schlüsselfunktion hat und von welchem aus Swamiji und die anderen Großen zu wirken scheinen? Ist es eine Kombination von Denken und Fühlen? Oder ist es etwas darüber hinaus, etwas, das über unser Denken und Fühlen hinausgeht?

Eines Morgens als Swamiji zu uns sprach, sagte er: „Ich möchte euch verdeutlichen, dass, wenn ich morgens hier zu euch spreche, ich nicht zu irgendeinem Individuum spreche. Es ist das Unpersönliche, welches zum Unpersönlichen spricht." Mit anderen Worten, er will nicht, dass wir mit unseren Gedanken oder Gefühlen zuhören. Sondern er will, dass wir mit einem verstehenden Herzen zuhören. Denn er sagte: „Wenn ihr als Person zuhört, werdet ihr auch aus persönlicher oder psychologischer Sicht auf das, was ich sage, *reagieren*. Aber wenn ihr mich unpersönlich hört, dann werdet ihr auf die Botschaft, welche ich Euch gebe, *ansprechen*."

Mit anderen Worten: Wir sollten auf unpersönliche Weise und mit einem verstehenden Herzen zuhören, sodass die Botschaft wirklich eindringen kann und wir sie in der Art aufnehmen, wie wir sollen. Und wenn wir es genau betrachten, werden wir feststellen, dass all unsere spirituellen Übungen dazu da sind, dieses verstehende Herz zu pflegen, indem wir unseren Geist von uns und unseren kleinlichen Problemen weg und zu Gott hin richten.

Das spirituelle Leben ist eine Angelegenheit des Darüber-Hinausgehens, des Transzendierens. Wir sind in unseren engstirnigen Anliegen bezüglich dieses Körpers und Geistes eingeschlossen. Unsere Erlösung, der Zweck unseres spirituellen Lebens ist es, uns von einem Leben, in dem wir alles persönlich nehmen und jede Erfahrung personalisieren, zu einer breiteren, unpersönlichen Sichtweise zu führen – wo wir die Dinge aus Swamijis Sicht, aus Gurudevs Sicht, von Gottes Standpunkt aus betrachten können. Der letztendliche Zweck ist es, uns vom Reagieren auf das Leben zu einem Eingehen auf das Leben zu führen. Der Schlüssel dazu ist ein verstehendes Herz.

***

74.
Nichts wollen

Krishna hat das Tor zur Hölle als Begierde, Ärger und Gier umschrieben. Das legt nahe, dass der Pfad zum Himmel oder zumindest der Weg aus der Hölle heraus im Ausüben des jeweiligen Gegenteils zu finden ist.

Begierde ist viel mehr, als gemeinhin angenommen wird. Wir können begierig sein nach Macht, wir können begierig sein nach Essen, nach allem möglichen. Begierde meint einen äußerst starken Wunsch: Ich will und ich will es jetzt. Das Gegenteil von Begierde ist also Wunschlosigkeit, Nichtwollen – nehmen, was kommt und wann es kommt. Wenn wir Wunschlosigkeit üben, werden wir beobachten, dass es weit weniger Ärger in uns gibt. Denn Ärger entsteht normalerweise, wenn wir nicht bekommen können, was wir wollen. Je mehr wir etwas wollen, umso gieriger sind wir darauf versessen, umso wütender werden wir, wenn unsere Gier nicht befriedigt wird.

Deshalb leitet uns die Übung der Wunschlosigkeit und der Genügsamkeit aus der Hölle heraus. Gier bedeutet schließlich auch, alles für uns selbst haben zu wollen, festzuhalten, was immer wir kriegen, soviel zu haben wie möglich, auch wenn wir es gar nicht brauchen.

Die Übung, die uns dabei hilft, ist Großzügigkeit, eine Einstellung des Loslassens. Der Weg aus der Hölle hin zum Himmel ist also Wunschlosigkeit, Genügsamkeit und Loslassen.

Dies bezieht sich natürlich auf die physische Ebene unseres Lebens, das äußere Leben. Aber es bezieht sich auch auf unser Innenleben, unser spirituelles Leben. Der Weg, der uns vom Himmel, von der Harmonie trennt und uns in die innere Hölle führt, ist, begierig nach spirituellen Erfahrungen, spirituellen Höhen und spirituellen Gefühlen zu sein - um dann enttäuscht, wütend oder mutlos zu sein, wenn wir sie nicht haben.

Der Weg aus dieser inneren Hölle, dieser inneren Unzufriedenheit, ist ähnlich wie im äußeren Leben - nämlich das Üben des Gegenteils. Nichts zu wollen. Zufrieden zu sein mit dem, was Gott uns gibt. Und wenn Er uns eine Erfahrung gibt, sie loszulassen, an nichts festzuhalten, alles durch die Finger rieseln zu lassen. Wenn wir nichts wollen, genügsam sind und nichts festhalten, dann wird unser inneres Leben ein Leben des Friedens und der Freiheit sein. Wir können im Bewusstsein des Daseins ruhen, in der bewussten Gegenwart, im „Ich bin".

Gurudev fordert uns auf, zu fragen: „Wer bin Ich?" Letztlich sind wir jenseits all dessen, was der Geist kennen kann, aber Nisargadatta Maharaj sagte uns, dass die bewusste Gegenwart oder das einfache Empfinden des „Ich bin" das Tor zu dem ist, was der Geist nicht kennen kann, unserem letzten Ziel. Deshalb kann uns das Üben von innerer Wunschlosigkeit, Nichtwollen, Genügsamkeit und Verhaftungslosigkeit in die bewusste Gegenwart und zum letzten Ziel führen.

***

75.
Sich von der Sklaverei des Geistes befreien

Swamiji sagte, spirituelle Sucher beginnen am Anfang mit unterschiedlichen Praktiken, aber schließlich führen alle zum meditativen Prozess. Was ist der Zweck des meditativen Prozesses? Gurudev sagte: „Du bist nicht der Körper, du bist nicht der Geist. Du bist das unsterbliche Selbst." Der Zweck des meditativen Prozesses ist, uns zu erforschen und uns selbst jenseits unseres Geistes zu erfahren.

Muss also der Verstand verschwinden? Oder bedeutet es, dass die Gedanken langsamer oder unsere Gefühle ruhig werden müssen? Nicht unbedingt. Was wir versuchen, ist, uns jenseits des Geistes zu erkennen. Der Geist mag ruhiger werden. Er mag verschwinden. Aber das ist nicht das Wichtige. Wir müssen erkennen, fühlen oder verwirklichen, dass wir nicht der Geist sind.

Wenn wir dies erkennen, führt es uns über den Geist hinaus. Wir sind fähig, das Spiel der Gegensatzpaare und der drei *Gunas* wahrzunehmen. Sobald wir das Spiel objektiv beobachten können, sind wir nicht mehr länger Gefangene des Geistes in bisheriger Weise. Wir erfahren einen Grad der Freiheit von ihm. Von dieser günstigen Position und diesem Befreiungsgrad heraus können wir auf sehr viel objektivere Weise denken und handeln. Wir sind nicht mehr die Sklaven unserer ständig wechselnden Stimmungen und Gedanken.

Durch Meditation können wir diese Sichtweise gewinnen. Aber diese Perspektive muss sich im alltäglichen Leben ausdrücken und vom Alltagsleben gestützt werden. Sich an Gott erinnern, seinen Namen wiederholen, die Schriften studieren und *Satsang* helfen uns dabei. Aber gibt es eine Praxis im alltäglichen Leben, die uns helfen kann, zu integrieren, was wir in der Meditation entdeckt haben? Die uns daran erinnert, dass wir über unseren Geist hinaus existieren und nicht sein Sklave sein müssen?

In der indischen Kultur gibt es ein bestimmtes Verständnis des Begriffes „Pflicht“. Die Pflicht, richtig verstanden, übersteigt, wie wir uns fühlen. Unsere Stimmung und die drei *Gunas* werden immer da sein, ständig wechselnd, und wir können nicht ohne die Gegensätze denken. Aber wenn wir gewissenhaft unsere Pflicht erfüllen, erheben wir uns über den Geist. Was in unserem Geist ist, spielt einfach keine Rolle, wenn unsere Pflicht an erster Stelle steht, so wie es sein soll.

Deshalb kann die Erledigung unserer Pflicht – unabhängig davon, wie wir uns fühlen und wie die Umstände sind – ein sehr positiver Teil unseres spirituellen Lebens sein, denn es bedeutet, dass wir von einem Ort aus handeln, welcher über den Geist hinausgeht. Sie ergänzt den meditativen Prozess und wird ein integraler Bestandteil unseres ganzen spirituellen Lebens und unseres Zieles, von unserem Geist frei zu werden.

* * *

76.
„Ich will“, „Ich weiß“ und „Ich bin“ aufgeben

Jeder Mensch in dieser Welt sucht Glück. Aber während der normale Mensch glaubt, dass das Glück darin liegt, etwas zu bekommen – durch die Befriedigung der Sinne und des Ego – werden wir uns als Suchende mehr und mehr der grundlegenden spirituellen Lehre bewusst, dass Glück nicht von Frieden getrennt werden kann. Außerdem ist der Friede, von dem unsere Lehrer sprechen, nicht unbedingt der Friede, der normalerweise gemeint ist, wenn von Friede, Freude und Befriedigung die Rede ist, sondern eher ein Friede, welcher über das Verstehen hinausgeht.

Es ist ein wenig so wie der Vergleich von Diamanten. Ein Diamant hat normalerweise eine Farbschattierung, wie fein sie auch sein mag. Aber der perfekte Diamant, der den höchsten Marktwert bringt, ist gänzlich ohne Farbe. Manchmal wird er als „vom ersten Wasser“ bezeichnet, was bedeutet, dass er absolut farblos, absolut rein ist.

Das Glück, das uns im spirituellen Leben versprochen wird, ist, wenn unser Inneres mit dem in uns in Einklang kommt, das makellos und absolut rein ist, welches ein Frieden jenseits des Verstehens ist. Was hält uns davon ab, in diesem Frieden zu verweilen?

Letztlich gibt es drei Ebenen, die wir erkennen und an denen wir arbeiten müssen:

1. „Ich will“ ist die Ebene der Wünsche. Wünsche, welche schließlich zu den Toren der „Hölle“ führen – Begierde, Wut und Gier.

2. „Ich weiß“ ist die subtil blockierende Ebene unseres Wissens. Wir haften an und sind gefesselt von dem, was wir wissen. Wir vertrauen auf unser Wissen, statt Zuflucht bei Gott zu suchen.

3. „Ich bin“ und „Ich will jemand sein“ ist die Ebene unseres Individualitätssinn.

Das sind Ebenen, an denen wir in unserem *Sadhana* (spirituelle Praxis) arbeiten sollen: „Ich will“ soll zu „Ich will nichts“ werden, „Ich weiß“ zu „Ich weiß nichts“ und „Ich bin“ zu „Ich bin niemand“. Das ist Reinheit. Das ist Zuflucht in Gott allein nehmen.

Krishna hat uns deutlich gemacht, dass wir den Ozean des *Samsara* (Kreislauf von Geburt und Tod) nicht überqueren können, ohne Zuflucht zu Ihm zu nehmen. Wir sollen unsere Wünsche, unser Wissen und unser Ego aufgeben und uns auf Ihn allein verlassen. Zuflucht bei Ihm zu nehmen bedeutet, dass wir Ihm in dieser inneren Reinheit begegnen, in dem Frieden, der das Verständnis übersteigt. Das ist unser Ziel und der einzige Ort, wo wir dauerhaftes Glück finden können.

***

77.
Unsere Einstellung zum Guru

In der „Bhagavad-Gita“ spricht Krishna zu Arjuna darüber, wie unsere Einstellung zum *Guru* sein sollte: Verneigung, Dienst und Nachfragen. Das erscheint nicht allzu anspruchsvoll. Natürlich verneigen wir uns vor einem *Guru*. Wir bieten unseren Dienst an, wo immer wir können, entweder als Gegenleistung für die materielle Versorgung, die er uns gibt oder als Erwiderung auf das, was er uns spirituell gibt. Und wenn wir die Möglichkeit haben, unsere Zweifel auszuräumen, werden wir glücklich sein, dies zu tun.

Aber Gurudev meint, dass viel mehr damit gemeint ist. Verbeugung ist mehr als eine physische Verbeugung. Es bedeutet, sich selbst aufzugeben. Es bedeutet, dem *Guru* unser Leben zu übergeben. Es bedeutet, dass es unser einziger Wunsch ist, den Willen des Meisters zu erfüllen und nicht unseren eigenen.

Genauso ist es mit dem Dienen. Tatsächlich wollen wir auf die eine oder andere Art dienen. Ohne Arbeit fehlt unserem Leben eine g wisse Erfüllung. Aber Dienst für den *Guru* bedeutet, dass unser ganzer Geist darauf ausgerichtet ist, dem *Guru* gefällig zu sein. Es bedeutet eine Verneinung dessen, wie wir dienen wollen und eine Fokussierung unseres Geistes auf den *Guru* und die Weise, wie er möchte, dass wir dienen.

Befragung hat auch eine andere Bedeutung, als wir normalerweise denken würden. Viele Schüler denken, dass es genügt, in den *Ashram* des *Guru* zu kommen und dass sich ihr spirituelles Leben dann von alleine weiterentwickeln wird. Das entspricht nicht der Erfahrung. Wenn wir wollen, dass unser spirituelles Leben vorangeht, dann ist mehr gefordert, als sich dem *Guru* hinzugeben und ihm zu dienen. Wir müssen unser Verständnis vom spirituellen Leben hinterfragen. Wir müssen alles über die höheren Aspekte wissen wollen. Diese Be- und Hinterfragung muss ständig in uns weitergehen.

Swamiji sagte, der *Guru* ist nicht nur eine Person sondern auch seine

Lehren. Wenn also der *Guru* selbst nicht anwesend ist, dann sollten wir uns konstant an seine Lehren halten und danach suchen, was der *Guru* zu sagen versuchte. Wir hören etwas; es kann sein, dass der *Guru* etwas anderes meint, vielleicht sogar etwas ganz anderes. Nur durch ständiges Suchen, Streben und Hinterfragen der Lehren verbessert sich unser Verständnis.

Wir erwerben die Gnade des *Guru* durch Hingabe und Dienst. Aber letztlich schreitet unser spirituelles Leben in dem Maße fort, wie wir seine Belehrungen, das, was er uns mitzuteilen versucht, verstehen, also Verneigung, Dienst und Befragung. Das bedeutet jedoch mehr als nur die äußere Handlung. Es erfordert Hingabe von ganzem Herzen und das Hingeben unseres ganzen Lebens.

* * *

78. Es braucht beides: Selbstbeobachtung und Meditation

Bei dem Versuch, diese Welt zu erklären, benutzen die Schriften den Begriff *Maya* (Illusion, Täuschung). Sie sagen, dass die Erscheinungen dieser Welt, uns selbst eingeschlossen, aufgrund von *Maya* bestehen. Alle Erscheinungen, einschließlich uns selbst, gehören zu *Maya*. Doch Swamiji weist häufig darauf hin, dass *Maya* zwei Aspekte (*Avidya* und *Vidya*) hat:

- *Avidya Maya* verzaubert, verleitet und führt uns abwärts. Sie erscheint als Versuchung unserer Sinne und als Ego-Prinzip, das bestimmende Prinzip, welches sagt: „Ich will“ und „Ich will für mich“.
- *Vidya Maya* hingegen, führt uns zu unserer wahren Heimat zurück. Sie erscheint als das Prinzip der Selbstopferung, als das, was dem Ganzen bzw. was Gott, dienen möchte. *Vidya Maya* erscheint auch in Form von Schriften, *Gurus*, *Ashrams*, von allem, was für unsere Befreiung hilfreich ist.

Einer von Gurudevs berühmtesten Aussprüchen ist: „Loslassen, Binden.“ Lass *Avidya Maya* los, all diese Dinge in der Welt, welche für unsere Sinne und unser Ego verführerisch sind und binde dich an *Vidya Maya*, an all das, was dich erhebt und zu Gott führt.

Swamiji benützt das Wort „muss“ selten, aber gelegentlich schon. Einmal sagte er: „Du musst deinen Geist verstehen“, ein anderes Mal: „Du musst meditieren.“ Warum müssen wir unseren Geist verstehen? Weil wir die Dinge verstehen müssen, welche uns von Gott wegziehen. Manchmal sind sie offensichtlich, aber meistens versteckt. Wir müssen die inneren Faktoren erkennen, die uns an die Welt binden. Wir müssen unsere Bindung an unseren Körper und Geist erkennen, an unsere Individualität, an unser Besonderssein. Wir müssen meditieren, weil wir uns jenseits unseres Geistes kennen müssen. Wir müssen wissen, wonach wir suchen. Das können wir nur in der Meditation entdecken.

Es bedarf einer Ausgewogenheit zwischen beidem. Wenn wir nur unseren Geist prüfen, könnten wir selbsteingenommener werden als zuvor. Es kann auch eine krankhafte Übung werden statt einer positiven. Andererseits, wenn wir unseren Geist ignorieren und nur meditieren –mehr und mehr die höheren Bewusstseinszustände verstehen – dann bemerken oder verstehen wir vielleicht nicht die versteckten Teile in uns, die uns an die Erde binden. Wir mögen versuchen, uns an Gott zu binden, aber wir versagen darin, uns von der Welt zu lösen.

Also, beides ist erforderlich. In den Worten Krishnas: Loslassen und Übung - wir müssen uns selbst beobachten, um unseren Geist zu verstehen, um zu wissen, was loszulassen ist. Wir müssen meditieren, um die Gegenwart Gottes zu praktizieren. Nur mit dieser Balance kann unser spirituelles Leben auf dem richtigen Kurs bleiben. Beide sind erforderlich. Sie helfen einander, nützen und befruchten sich gegenseitig.

***

79.
Warte nicht länger

Vor Kurzem besuchte ein junger Amerikaner, ein Schüler von Swami Krishnanandaji, den *Ashram*. Er kommt seit vielen Jahren immer wieder und jedes Mal, wenn er nach Amerika zurückkehrt, schreibt er: „Immer wenn ich in den *Ashram* komme, fällt mir mein *Sadhana* leicht; da ist ein bestimmter Geist, ein spiritueller Fluss im *Ashram*. Aber wenn ich nach Hause zurückkomme, bin ich jedes Mal von meinen Sorgen, Aufgaben und der Arbeit überwältigt."

Als er dieses Mal kam, haben wir über das Problem gesprochen. Wenn er seine täglichen Aktivitäten aufzählte, war man wirklich erstaunt, wie beschäftigt er war, wie überwältigt er von den Notwendigkeiten seiner weltlichen Existenz war. Trotzdem, wenn er nach Hause ging, gab es die Erkenntnis, dass – egal wie wichtig diese Aktivitäten waren – die Frage war, ob sie wirklich das Allerwichtigste im Leben sind? Und wenn sie es nicht sind, sollte er nicht auf irgendeine Weise für das Zeit finden, was am wichtigsten ist?

Wenn du also in die heutige Welt zurückgehst, was kannst du praktisch tun, um dein *Sadhana* aufrecht zu erhalten? Wenn man von Alltagspflichten überwältigt ist, wie kann man für die spirituelle Praxis Zeit finden? Du kannst dir zum Beispiel eine Sache vornehmen: Wenn ich nach Hause gehe, mache ich eine konkrete und deutliche Veränderung in meiner Lebensweise. Ich mag nicht in der Lage sein, mein ganzes Leben zu ändern, aber es gibt wenigstens eine Sache, die ich ändern kann, um mehr Raum für spirituelle Praxis zu schaffen. Ich werde eine Sache verändern.

Zweitens, ich werde mir darüber klar werden, was mein Ziel ist. Mein Ziel ist, näher zu Gott zu kommen. Um näher zu Gott zu kommen, muss ich mein Ego verringern. Was ist Ego? Ein Weiser gibt eine sehr einfache Antwort: „Ego ist 'Ich' und 'Mein'. Das Ego zu verringern oder aufzulösen bedeutet 'Nicht-Ich' und 'Nicht-Mein'." Und vielleicht ist es noch einfacher, unser Ego mit den folgenden Worten zu identifizieren: „Ich will". Das Ego ist „Ich will" und natürlich „Ich will nicht".

Um also durch die Verringerung des Ego Raum für Gott zu schaffen, müssen wir danach streben, unser „Ich" und „Mein" sowie unser „Ich will" loszuwerden.

Drittens müssen wir selbst beurteilen, ob wir Fortschritte in Richtung Ziel machen. Swamiji hat uns einen wertvollen Bewertungsmaß-stab gegeben. Vor vielen Jahren in Seattle sagte er: „Du kannst genau sagen, wie viel Fortschritt du machst, ..." – in anderen Worten, wie weit dein Ego verringert wurde und wie viel mehr du deinen Geist auf Gott fokussierst – „... indem du feststellst, wie viele Sorgen du dir machst." Und Swami Brahmanandaji, unser verehrter *Vedanta*-Lehrer, sagt oft: „Wie viel Fortschritt du machst, kannst du daran erkennen, wie viel du dich beklagst."

Wenn wir also den Entschluss gefasst haben, wenigstens eine Sache in unserem Leben zu verändern, um mehr Raum für unsere spirituelle Praxis zu schaffen und das Ziel – nämlich unser Ego allmählich abzuschleifen, sodass Gott mehr und mehr unser Leben erfüllen kann – in unsere eigenen Worten gefasst haben, dann sollten wir unseren Fortschritt messen, indem wir uns fragen: Sorge ich mich weniger? Klage ich weniger?

***

80.
Einfach leben, einfach denken

Während der letzten Veranstaltung der gerade beendeten Konferenz wies Swamiji auf Mahatma Gandhis Lebensmotto und Rezept für die Nation hin: „Einfach leben, erhaben denken“. Das war eine Zeit hoher Ideale. Die Welt war gerade durch eine schreckliche Depression gegangen und durch einen noch schrecklicheren Krieg. Die Menschen legten ihre Hoffnungen in Dinge wie den Sozialismus, die Vereinten Nationen und Freiheit für Indien. Jeder dachte, wenn wir nur frei sein könnten, wenn wir nur die Vereinten Nationen hätten, wenn wir nur den Sozialismus hätten usw., dann wäre das Leben besser für uns. Das ist jetzt über fünfzig Jahre her.

Aber anstatt dass das Leben einfacher wurde und das Denken erhabener, scheint das Leben unendlich viel komplizierter geworden zu sein. Und das Denken ist, gelinde ausgedrückt, verwirrter geworden. Tatsächlich, worin auch immer wir unsere Hoffnungen gelegt haben, scheint uns im Stich gelassen zu haben. Deshalb sollten wir als Suchende begreifen, dass unsere Hoffnung nicht auf etwas außerhalb von uns gerichtet sein sollte, sondern auf uns selbst. Wenn wir ein einfacheres Leben, weniger Komplikationen, weniger Verwirrung finden wollen, dann liegt es an uns, dies zu tun. Vielleicht können wir dabei mit dem Motto eines Suchenden beginnen: „Einfach leben und einfach denken.“

Wir können nicht glücklich sein, wenn unser Lebensstil zu kompliziert ist. Einmal las ich einen Spruch in einem Immobilienbüro (der Besitzer muss ein Philosoph gewesen sein): Der beste Platz zum Leben ist innerhalb deines Einkommens. So sollten wir unseren Lebensstil vereinfachen und im Rahmen unseres Einkommens leben. Aber mehr als alles andere müssen wir unser Denken vereinfachen. Heutzutage gibt es im Bereich der Philosophie so viele sich widersprechende Ideen. Unser Verstand ist verwirrt. Wir müssen komplexe Gedanken auf einfache Konzepte reduzieren.

Gestern habe ich den Maßstab des spirituellen Fortschritts von Swamiji und Swami Brahmanandaji zitiert – die Anzahl der Sorgen und Klagen. Das ist ein Beispiel für einfaches Denken. Warum reagieren wir darauf, warum weiß etwas in uns, dass dieses einfache Denken gut für uns ist? Weil einfaches Denken näher an dem ist, wo wir wirklich leben. Wir leben nicht wirklich in hohen philosophischen Gedanken. Philosophieren und Argumentieren bringt uns weg von unserem wirklichen Selbst und lässt uns verwirrt zurück. Es hinterlässt einen Abgrund zwischen dem, wo wir wirklich leben, und unseren Gedanken. Deshalb müssen wir unsere Gedanken auf einfache Ideen reduzieren.

Wenn je ein Genie des einfachen Lebens und Denkens in diese Welt geboren wurde, dann war es Gurudev. Er lebte einfach und reduzierte seine ganze Lehre auf die einfachsten Konzepte: „Sei gut, tue Gutes." „Löse, binde." „Stirb, um zu leben." So übergab er uns auf einem silbernen Tablett einfaches Denken, das unserem Herzen nahe ist, das wir verstehen können.

Wenn wir des komplizierten Lebens und des verwirrten Denkens müde sind, hat uns Gurudev einen Ausweg gezeigt. Er sagt, vereinfache deinen Lebensstil und nimm diese einfachen Konzepte: Mache sie dir zu eigen, arbeite mit ihnen, meditiere über sie. Versuche zu verstehen, was ich dir mit diesen einfachen Gedanken sage. Dann wird dein Leben, anstatt kompliziert und verwirrt zu sein, nach und nach einfacher werden und erfüllt sein von der Freude deines wirklichen Seins.

* * *

81.
Eine einfache aber kraftvolle spirituelle Übung

Überall, auf der ganzen Welt, wird normalerweise zwischen dem spirituellen und dem weltlichen Leben unterschieden. Aber wenn alles Eins ist, wenn es nur Gott gibt, dann ist vielleicht der Zweck des spirituellen Lebens zu erkennen, dass es so etwas wie ein weltliches Leben gar nicht gibt, dass alles Leben spirituell ist. Die Frage ist, wo unser Bewusstsein ist. Der Zweck unserer spirituellen Praxis ist, unser Bewusstsein zu dem Punkt zu erheben, an dem wir erkennen, dass alles Leben göttlich ist.

Die meiste Zeit scheint unser Bewusstsein in dem zu sein, was wir die weltliche Ebene nennen. Gibt es eine einfache Übung, die wir während des Alltags machen können, die uns hilft, unser Bewusstsein stetig und dauerhaft zu erheben?

Es mag uns nicht möglich sein, tagsüber viel Zeit für die spirituelle Praxis zu finden. Aber normalerweise gibt es Zeiten, wo wir einfach ein paar Augenblicke dasitzen können – in der Küche, im Büro, egal wo – und unsere Augen schließen und entspannen können. Diese Praxis allein wird uns helfen, unser Bewusstsein zu festigen. Wenn wir das noch mit der Wiederholung von Gottes Namen verbinden, wird unser Geist fokussiert, unser Bewusstsein erhoben. Wenn wir den Namen Gottes wiederholen, können wir erkennen, dass sich etwas in uns dieser Wiederholung bewusst ist. Wir erschaffen nicht einen Zeugen, denn das wäre nur ein weiterer Gedanke, sondern, egal was in unserem Geist ist, wir bemerken, dass Etwas es wahrnimmt.

Dieses Etwas können wir nicht wirklich greifen, aber es ist niemals abwesend, ob wir still sitzen, aktiv sind, träumen oder tief schlafen. Die Erinnerung an diesen ungreibaren Zeugen erhebt unser Bewusstsein und bringt uns in eine andere Dimension. Und all das kann in ein paar Momenten geschehen.

Das spirituelle Leben ist in seinem Kern nichts Dramatisches. Abgesehen von sehr seltenen Umständen ist es eine „Schritt-für-Schritt-Reise", die viele Jahre dauert. Vor einiger Zeit ist eine ältere Schülerin von uns gegangen. Sie war eine Hausfrau, die Jahr für Jahr regelmäßiger spiritueller Praxis nachgegangen war. Sie schien wirklich nichts Besonderes zu sein, aber als sie eine gesundheitliche Krise hatte – obwohl sie noch eine lange Lebenserwartung hätte haben können –, war sie völlig gleichmütig, ob sie leben würde oder nicht. Swamiji bewunderte das. Er sagte, es sei das Ergebnis ihrer langjährigen, stetigen spirituellen Praxis.

Wir sollten also die innere spirituelle Kraft von etwas so Einfachem, wie einige Momente innehalten und den Namen Gottes zu wiederholen, nicht unterschätzen und uns immer des unbekannten Zeugen bewusst sein, der still alles wahrnimmt.

***

82.
Überzeugt sein

Nicht selten, wenn Swamiji morgens hier zu uns spricht, drängt er uns, eine bestimmte Handlungsweise zu verfolgen. Und dann schließt er seine Rede mit: „Und ich versichere euch, ich verspreche euch, wenn ihr das tut, gibt es keine Kraft im Universum, die euren Erfolg verhindern kann."

Wir wissen alle, dass Erleuchtung nicht etwas ist, das man von außen erhalten kann. Es ist unser Geburtsrecht. „Du bist Es jetzt", erklären die Schriften. „Du verwirklichst es nicht wegen deiner Wünsche. Gib deine Wünsche auf und es wird da sein." Warum ist es denn so, dass, obwohl es uns gesagt wird und wir wissen, dass es wahr ist, wir nicht tun, was notwendig ist, um es jetzt zu verwirklichen? Eine Analogie wäre, zu fragen, warum jemand, der weiß, dass Rauchen seiner Gesundheit schadet, es nicht aufgibt. Oder warum jemand, der übergewichtig ist und weiß, dass es ein Risiko für Herzkrankheiten, Krebs und zahlreiche andere Krankheiten ist, sein Gewicht nicht auf ein normales Maß reduziert? Es scheint zu viel für ihn/sie zu sein. Und doch, vielleicht entdeckst du nach einer Weile, dass der Mensch mit der Gewohnheit zu rauchen doch aufgehört hat und die Person mit dem Übergewicht schlanker geworden ist.

Was hat die Veränderung hervorgerufen? Vielleicht waren sie schließlich von der Wahrheit, die sie schon kannten, überzeugt und haben danach gehandelt. Ähnlich ist es in unserem spirituellen Leben. Auch wenn wir die Wahrheit kennen, sind wir vielleicht faktisch nicht wirklich überzeugt davon oder wir sind im Innersten nicht genug überzeugt, um die notwendigen Handlungen folgen zu lassen. Wir wissen, was wir zu tun haben. Wir müssen den Glauben aufgeben, dass wir durch äußere Dinge Zufriedenheit erreichen können. Wir müssen uns auf Gott verlassen, für Gott leben. Aber sind wir wirklich überzeugt, dass es das ist, worin unser Glück liegt?

Wenn es also eine Frage des Überzeugtseins ist, dann ist das eine gute Nachricht und erklärt Swamijis grundlegenden Optimismus und seine fortwährenden Versicherungen an uns. Mit anderen Worten, die Blockierung liegt in einem Mangel an Überzeugung. Deshalb lasst uns unser *Sadhana* mit Begeisterung und Interesse fortsetzen, bis unsere Überzeugung fest und sicher wird und wir danach handeln.

Wenn wir so in *Samsara* verloren sind, fragen wir uns, wie Gurudev und Swamiji soviel Hoffnung für uns aufrecht erhalten können. Aber wenn es daran liegt, dass wir von der Wahrheit absolut überzeugt sein müssen, dann erklärt das vielleicht, warum sie sich unermüdlich darum bemühen, uns zu überzeugen. Wirklich, das sind gute Nachrichten. Der Rest liegt an uns.

***

83.
Die Wahrheit glauben

Es gibt ein Sprichwort: „Wahrheit ist seltsamer als Dichtung." Und trifft nirgends mehr zu als im spirituellen Leben. Was wir entdecken können – und was geschehen kann – kann seltsamer sein als Dichtung.

Es gab einmal eine Frau, die, wenn sie meditierte, eine Stimme in sich hörte, welche ihr Dinge diktieren wollte, die sie aufschreiben sollte. Sie begann zu schreiben und heraus kam, was man eine Synthese aller Lehren der großen Religionen nennen könnte. Es wurde ein großer Band, der weltweit vertrieben und studiert wurde.

Aber eines Tages sagte einer ihrer Freunde zu ihr: „Du hast ein Buch geschrieben, das gleichwertig ist zu den Schriften, aber ich kann nicht sehen, dass du auch nach diesen Lehren handelst." Die Frau antwortete: „Ich weiß, was im Buch steht, ist wahr, aber ich glaube nicht wirklich daran."

Ist das unser Problem? Wir wissen, was die Schriften sagen ist wahr, aber glauben wir es tief im Herzen? Die Schriften verkünden, dass Gott alleine ist und dass wir Das sind. Aber ist es das, was wir im Alltag glauben? Können wir die Überzeugung erschüttern, dass wir ein getrenntes Individuum sind, dass wir hier sind und die Welt dort und Gott sonst wo?

Wenn wir erkennen, dass es eine Kluft zwischen dem gibt, was wir verbal als wahr bekräftigen und dem, was wir eigentlich im Alltag glauben, dann haben wir eine Wahl. Wir können diese Tatsache erkennen, aber ignorieren – dann besteht die Gefahr der Heuchelei. Denn wir behaupten, dass etwas wahr ist, an das wir nicht wirklich glauben. Oder wenn wir erkennen, dass diese Kluft ein unvermeidbarer Teil unserer Entwicklung ist, dann können wir dieses Wissen positiv für unser weiteres Sadhana einsetzen.

Wir können erkennen, dass Gott uns häufig Wahrheiten gibt, die unserem wahren Verständnis weit voraus sind. Er führt uns sozusagen oft mittels unseres Intellekts. Wir selbst und unser Herz werden vielleicht sogar sagen, dass unser Blut und unsere Innereien erst später kommen. Wenn wir diese Tatsache erkennen, werden wir nicht so entmutigt. Wir begreifen, dass die spirituelle Reise ein langer, tiefer Prozess ist, der Schritt für Schritt erfolgen muss.

Außerdem müssen wir erkennen, dass wir uns nicht auf unsere Gefühle verlassen dürfen. Wenn wir in einer spirituellen Stimmung sind, haben wir überhaupt kein Problem, den Lehrern und den Schriften zu glauben: „Ja tatsächlich, alles ist Eins. Gott allein ist und ich bin Das." Aber wenn wir nicht in einer spirituellen Stimmung sind, können wir uns nicht einmal erinnern, was wir gesehen haben, als wir darin waren und die Wahrheiten der Schriften sind ein totes Thema für uns.

Aber wenn Gott allein ist und wir Das sind, dann muss dies eine Tatsache sein, unabhängig davon, wie wir uns fühlen. Die Prüfung eines *Sadhaka* (spirituellen Aspiranten) ist, ob er oder sie die Wahrheit glaubt und bekräftigt, unabhängig davon, wie er/sie sich fühlt. Und das ist jeden Tag die Herausforderung für uns. Wir kennen die Wahrheit. Die Herausforderung ist, von ihr überzeugt zu sein, unabhängig davon, wie wir uns fühlen. Swamiji sagt, wenn wir es hundert Mal vergessen, dann sollen wir es hundert und ein Mal bejahen.

Wenn wir also entdecken, dass wir wissen, dass das, was die Schriften sagen, wahr ist, aber dass wir es nicht wirklich glauben, dann können wir erkennen, dass wir nicht anders sind als die meisten anderen. Aber das ist keine Ausrede, um aufzugeben. Wir sind dazu bestimmt, die Wahrheit, die wir kennen, zu bejahen, unabhängig davon, wie wir uns fühlen – bis es mehr und mehr zu unserem täglichen Glauben und unserer täglichen Erfahrung wird.

* * *

84.
Unser spirituelles Leben voranschreiten lassen

Vor ein paar Jahren als Swamiji dem Enkel eines unserer respektiertesten Ashram-Besucher zu seinem College-Abschluss beglückwünschte, rief er ihn dazu auf, noch größere Anstrengungen für sein Studium zu unternehmen. Swamiji sagte: „Stehe morgens um 5 Uhr auf.“ Die Mutter des jungen Mannes antwortete: „Er steht ja schon um 5 Uhr morgens auf.“ Swamijis sofortige Antwort war: „Dann sollte er um 4.30 Uhr aufstehen!“

Dies spiegelt Swamijis Haltung zum Leben wider, speziell zum spirituellen Leben. Häufig erscheinen große Heilige wie Gurudev und Swamiji so mild und sanft, dass wir ihre andere Seite, welche uns ständig zu größerer Anstrengung drängt, manchmal übersehen. In der Tat geht das manchmal so weit, dass sie sogar etwas unvernünftig zu sein scheinen.

Vernünftig zu sein ist sehr wichtig, sowohl in unserem täglichen Leben als auch im spirituellen Leben. Wir müssen vernünftig sein. Aber wenn wir zu vernünftig sind, kann es sein, dass wir zu Tamas tendieren. Es muss etwas in uns geben, das sich weigert, still zu stehen, das immer die Antennen aufrichtet, um zu sehen, was als Nächstes kommt, was neu ist, das fragt: Auf welche Art muss ich mich verbessern? Wenn wir das nicht tun, gehen wir in die andere Richtung, denn nichts in dieser Welt steht still. Die Welt verändert sich dauernd und wenn wir uns nicht ständig nach oben bewegen, dann rutschen wir naturgemäß nach unten.

Wir lesen über Gurudev, dass er stundenlang im eiskalten Ganges stand und *Japa* (*Mantra*-Wiederholung) machte. Jahre später erlaubte er seinen Schülern nicht, dasselbe zu tun. Es gibt also durchaus extreme Praktiken, die weder Gurudev, noch Swamiji, noch andere große Heilige empfehlen. Aber unabhängig davon, wie ernsthaft wir sind, wie ehrenhaft unsere spirituellen Übungen im Moment sind, würden sie immer von uns erwarten, dass wir uns prüfen, um zu sehen, auf welche Art wir uns verbessern können.

Letztlich geht es im spirituellen Leben nicht so sehr um spirituelle Übungen sondern viel mehr um eine Umwandlung unseres grundlegenden Wesens. Wir sollen uns von *Tamas* zu *Rajas* zu *Sattva* bewegen und schließlich zur Göttlichkeit. Das bedeutet ständige Veränderung. Swamiji sagt: „Du musst äußerst interessiert sein. Du musst aufmerksam sein.“ Er drängt uns immer, jede Gelegenheit für eine außergewöhnliche Anstrengung zu nutzen.

Wenn er physisch nicht anwesend ist, dann müssen wir dieses Drängen selbst für uns tun. Es liegt an jedem Einzelnen von uns. Letztlich kann und wird es niemand sonst für uns tun. Die größte Gefahr liegt darin, dass wir abgleiten, dass wir uns nicht vorwärts bewegen. Und leider macht es uns die Welt leicht, abzugleiten. Wenn unser spirituelles Leben fortschreiten und fruchtbar sein soll, müssen wir irgendwie in uns die Mittel und Wege finden, es so zu machen.

* * *

85.
Sieg ist alles

Die Briten haben viele noble Konzepte entwickelt. Eines davon ist das eines guten Verlierers. Ich glaube es kam aus den britischen Privatschulen, an welchen gelehrt wurde, dass man, wenn man schon verliert, wenigstens wie ein Gentleman verlieren soll. Diese Lehre hat sicherlich ihre Vorzüge, aber es gab einen Sporttrainer in den USA, der nichts davon wissen wollte, ein guter Verlierer zu sein. Er prägte den Satz: „Gewinnen über alles."

Auch in der „Bhagavad-Gita" oder den *Puranas* (klassischen indischen Götterepen) steht nicht viel darüber, wie man ein guter Verlierer ist. Das Ziel ist der Sieg. Das ist ein wichtiger Punkt, welchen wir im spirituellen Leben bedenken sollten. Denn das spirituelle Leben wird oft mit einer Schlacht verglichen, in der wir so oft besiegt scheinen. Und es ist nur die Entschlossenheit, siegreich zu sein, die uns weitermachen lässt.

Eine der schlimmsten Versuchungen im spirituellen Leben ist es, ein guter Verlierer zu sein. Auch wenn Swamiji sagt, dass, selbst wenn du das letzte Ziel nicht in diesem Leben erreichst, du trotzdem erfolgreich bist, wenn du dich weiterhin bemühst, so ist der Zweck dieses Satzes, dass wir uns weiterhin bemühen. Wir sollen uns nicht mit weniger zufrieden geben als dem letzten Sieg.

Wieso ist der letzte Sieg so wichtig? Weil nichts außer dem totalen Sieg uns die Antworten im Leben gibt. Wenn wir hart an unserem spirituellen Leben arbeiten, wenn wir Fortschritte machen, dann können wir allmählich *Tamas* eliminieren und *Rajas* in *Sattva* umwandeln. Wir können zweifellos bessere Menschen werden. Aber so lange das Ego da ist, sehen wir das Leben auf verzerrte Weise und auf die eine oder andere Weise werden wir schließlich verlieren. Das Leben mag uns ganz gut behandeln, weil wir das Leben gut behandeln, aber letztlich fehlt etwas.

Und was ist der totale Sieg? Der totale Sieg ist das feste Wissen, dass wir alleine sind, Gott alleine ist. Es gibt keinen Zweiten. Solange wir glauben, dass es einen Zweiten gibt, können wir nichts anderes sein als ein guter Verlierer. Wir haben den Sieg nicht errungen und wir werden die Schmerzen der Niederlage erleiden.

Es gibt keine andere Antwort im Leben als den totalen Sieg. Gewinnen ist alles. Nur das löst unsere Probleme. Gott kann Seine Natur nicht ändern. Er alleine ist. Wenn wir versuchen, mit dieser Wahrheit einen Kompromiss einzugehen, dann werden wir den Preis dieses Kompromisses bezahlen. Deshalb sollte das Einzige in unserem Geist der Sieg sein. Gewinnen ist alles. Totaler Sieg ist das Einzige, das uns schließlich befriedigen wird.

***

Anmerkungen

[1] S. 55: Mahatma Gandhi wurde am 02.10.1889 geboren und am 30.01.1948 von dem fanatischen Hindu Nathuram Vinayak Godse erschossen. Godse stammte aus einer Brahmanen-Familie und war ein ehemaliger Anhänger Gandhis, bevor er sich der fundamentalistische Partei AKHIL BHA-RATIYA HINDU MAHASABHA anschloss.

[2] S. 55: Martin Luther King wurde am 15.01.1929 geboren und am 04.04.1968 erschossen. Sein Rechtsanwalt William F. Pepper untersuchte den Fall über mehrere Jahrzehnte und veröffentlichte 2003 die erstaunlich gut recherchierte Dokumentation „An Act of State: The Execution of Martin Luther King".

[3] S. 55: Heute (Stand: Juli 2019) ist die Arbeitslosenrate der Afroamerikaner sowie der von allen anderen „Minderheiten" in den USA niedriger als jemals zuvor in der US-Geschichte. Sich elementare Dinge leisten zu können, gehört zu den wichtigsten Aspekten eines jeden Menschen – denn dadurch wird der *Manas* viel empfänglicher für spirituelles Wachstum.

[4] S. 60: Das englische Wort „Mind" (Sanskrit *Manas*) aus dem Originaltext hat mehrere Bedeutungen: Denkorgan, Gemüt, Intellekt, Geist, Verstand etc.

[5] S. 134: „[...] 19 redet zueinander mit Psalmen und Lobgesängen und geistlichen Liedern; singt und spielt dem Herrn* in eurem Herzen; 20 sagt allezeit Gott, dem Vater, Dank für alles, in dem Namen unseres Herrn Jesus Christus; 21 ordnet euch einander unter in der Furcht Gottes! [...]"

[Die Bibel, Eph 5:19-21, F. E. Schlachter, Version 2000]

---

* Das Wort „Herr" (*griech.* Kýrios) ersetzte später das hebräische Tetragramm „YHWH" (gespr. „Yahweh" / Bdgt: „Ich bin der Ich bin").

[6] S.136: „[...] 25Zu jener Zeit begann Jesus und sprach: Ich preise dich, Vater, Herr des Himmels und der Erde, dass du dies vor den Weisen und Klugen verborgen und es den Unmündigen geoffenbart hast! [...]"

[Die Bibel, Mt 11:25, F. E. Schlachter, Version 2000]

[7] S.136: „[...] 1Zu jener Stunde traten die Jünger zu Jesus und sprachen: Wer ist wohl der Größte im Reich der Himmel? 2Und Jesus rief ein Kind herbei, stellte es in ihre Mitte 3und sprach: Wahrlich, ich sage euch: Wenn ihr nicht umkehrt und werdet wie die Kinder, so werdet ihr nicht in das Reich der Himmel kommen! 4Wer nun sich selbst erniedrigt wie dieses Kind, der ist der Größte im Reich der Himmel. 5 Und wer ein solches Kind in meinem Namen aufnimmt, der nimmt mich auf. [...]"

[Die Bibel, Mt 18:1-5, F. E. Schlachter, Version 2000]

[8] S.141: Das engl. Wort „Mind" wird hier als „Geist" übersetzt. Siehe dazu auch Anmerkung [4].

[9] S.141: Das engl. Wort „Spirit" wird hier als „Seele" übersetzt. Es könnte jedoch auch als „Geist" im Sinne eines Lebenshauches übersetzt werden.

[10] S.141: Das Wort „spirituell" bezieht sich hier auf das engl. Wort „Spirit", also die Seele.

[11] S.149: Der engl. Originaltitel „Ponder These Truths" heißt direkt übersetzt: „Nachsinnen über diese Wahrheiten". Da es genau genommen nur eine Wahrheit gibt, erschien uns der Titel „Nachsinnen über die Wahrheit" passender.

Sanskrit-Glossar

A

abhimana [abhimāna] *m* Egoismus, Identifikation mit dem Körper, Stolz, Arroganz.
advaita [advaita] zweiheitlos, nondualistisch.
advaita vedanta [advaita-vedānta] *m* nondualistischer *vedānta*, Philosophie des Monismus, eines der sechs philosophischen Systeme.
ahimsa [ahiṃsā] *f* Nichtverletzen, Gewaltlosigkeit in Gedanken, Worten und Taten.
amsha [aṃśa] *m* Teil.
ananda [ānanda] *m* Freude, Wonne, Glückseligkeit.
Arjuna [arjuna] *m* Freund und Schüler Kṛṣṇas in der Bhagavad-gītā.
ashanti [aśānti] *f* Abwesenheit von Frieden (des Geistes), Rastlosigkeit.
ashram [āśrama] *m*/*n* Kloster, Aufenthaltsort von Asketen.
atman [ātman] *m* das Selbst.
avidya [avidyā] *f* Unwissenheit.

B

Bhagavad-Gita [bhagavad-gītā] *f* Dialog zwischen Kṛṣṇa und Arjuna aus dem großen Hindu-Epos Mahābhārata.
bhakta [bhakta] *m* Verehrer Gottes, Aspirant.
brahmacharya [brahma-carya] *n* zölibatäres Leben, Enthaltsamkeit.
brahman [brahman/brahma] *n* das Absolute, Höchste.

D

Devimahatmya [devī-mahātmya] *n* heilige Schrift mit 700 Versen, in welcher die Siege der göttlichen Mutter über die dunklen Mächte gepriesen werden.
dharma [dharman] *m* 'das, was feststeht' – der richtige Weg zu leben, wie von den heiligen Schriften vorgeschrieben; Verpflichtungen, Pflicht.

G

Gita s. Bhagavad-Gita
guna [guṇa] *m* Qualität, Eigenschaft der Natur: 1. *sattva n* (Güte, Reinheit > Leichtigkeit, Licht), 2. *rajas n* (Leidenschaft, Aktivität), 3. *tamas n* (Dunkelheit, Unwissenheit, Dumpfheit).
guru [guru] *m* Lehrer, spiritueller Führer.
gurudev [guru-deva] *m* Bez. und gelegentlich Anrede des *guru*.

J

japa [japa] *m* Wiederholung von *mantra*s oder des Namen Gottes.

K

karma [karman] *n* Handlung; Schicksal (gemäß dem Gesetz von Ursache und Wirkung).
karma yoga [karma-yoga] *m* '*yoga* der Tat' oder '*yoga* des selbstlosen Dienens', einer der sechs *yoga*-Wege.
karma yogi [karma-yogī] *m* eine/r, die/der *karma-yoga* (uneigennützigen, enga-

gierten Dienst) praktiziert.

Kart[t]ikeya [kārttikeya] *m* Name von Śivas Sohn, dem Heerführer der Götter, wird auch Skanda, Subrahmaṇya, Śaravaṇabhava, Murugan etc. genannt.

Krishna [kṛṣṇa] *m* im Hinduismus der Gott der Freude, der Liebe und der Weisheit; belehrte Arjuna in der Bhagavadgītā.

M

mahavakya [mahā-vākya] *n* großer Satz/Ausspruch – Bez. für vier Sätze aus den vier *veda*s, die im *advaita-vedānta* besonders wichtig sind: Ṛg-veda (Aitareya-Upaniṣad 3.3) *prajnānam brahma* = 'brahman ist Wissen'; Sāma-veda (Chāndogya-Upaniṣad 6.8.7 - 6.16.6) *tat tvam asi* 'du bist das'; Śukla-Yajur-veda (Bṛhadāraṇyaka-Upaniṣad 1.4.10) *aham brahmāsmi* 'ich bin brahman'; Atharvaveda (Māṇḍūkya-Upaniṣad 2) *ayam ātmā brahma* 'das brahman ist dieses Selbst'.

mantra [mantra] *m* heilige Formel/Silbe zur Meditation; Anrufungsformel für Gottheiten.

maya [māyā] *f* Täuschung, Zauberkraft, Illusion, durch die man das nicht reale Universum für existent hält und für getrennt von der höchsten Realität (*brahman*).

moksha [mokṣa] *m* Befreiung.

N

navaratri [nava-rātra/-rātri] *n* Periode von 'neun Nächten' im September/Oktober, in denen Durgā, Lakṣmī, Kālī, Sarasvatī und andere Göttinnen verehrt werden.

nirvana [nir-vāṇa] *n* Verlöschen, Tod, Befreiung.

P

paramatman [paramātman] *m* höchstes Selbst.

prana [prāṇa] *m* Atem, Lebensenergie.

puja [pūjā] *f* Verehrungsritual.

purana [purāṇa] *n* 'alte' hinduistische Schriften zu Mythologie, Götterverehrung etc.

R

rajas [rajas] *n* einer der drei *guṇa*s, welcher alle Veränderungen bringt, Aktivität, Leidenschaft, Rastlosigkeit.

S

sadhaka [sādhaka] *m* spiritueller Aspirant, *yoga*-Schüler.

sadhana [sādhana] *n* spirituelle Praxis.

samsara [saṃsāra] *m* Kreislauf des Lebens, von Geburt und Tod.

Sanjaya [sanjaya] *m* Name des Wagenlenkers in der Bhagavad-gītā.

sannyasa [sannyāsa] *m* Aufgeben (der Welt), indem man z. B. Mönch wird, Gelübde der Entsagung.

sannyasi [sannyāsin/sannyāsī] *m* Mönch.

shakti [śakti] *f* Kraft, (kosmische) Energie, Bez. für 'die Göttin'.

shaktipat [śaktipāta] *m* Übertragung von Energie.

shanti [śānti] *f* (innerer) Frieden, Stille.

sat [sat] *n* absolute Existenz, Sein, Realität, Bez. des *brahman*.

satsang [satsaṅga] *m* Zusammentreffen (*saṅga*) von Guten (*sat*), Treffen einer religiösen/spirituellen Gemeinschaft.
sattva [sattva] *n* einer der drei *guṇa*s: Qualität der Güte, Reinheit.
sattvik [sāttvika] *m* rein; 'sattwisch' bzw. 'sattwig'.
satya [satya] *n* Wahrheit.
Shanmug *Tamil* [ṣaṇmukha (*Sanskrit*)] *m* 'Sechsköpfiger' – Bez. von Kārttikeya/ Subrahmaṇya.
shivoham [śivo'ham] 'ich bin Śiva' – Affirmation des *advaita*.
siddhi [siddhi] *f* Vollendung, Perfektion, übernatürliche Fähigkeit.
Skanda [skanda] *m* Name Kārttikeyas/ Subrahmaṇyas (Sohn von Śiva).
skanda shashthi [skanda-ṣaṣṭhī] *f* sechstägige Verehrung des Gottes Skanda (s. Kārttikeya).
Subrahmanya [subrahmaṇya] *m* Name Kārttikeyas, (Sohn Śivas, Heerführer der Götter).
svadhyaya [svādhyāya] *m* Rezitation für sich selbst; Studium der hlg. Texte, insbes. des *veda*.
swami, svami [svāmin/svāmī] *m* hinduistischer Mönch.
swamiji, svamiji [svāmījī] *m* respekt- bzw. liebevolle Anrede in Hindi für einen Asketen.

T

tamas [tamas] *n* einer der drei *guṇa*s, Unwissenheit, Trägheit, Dunkelheit.

U

upanishad [upaniṣad] *f* Text bzw. Textgattung; letzter, vorwiegend philosophischer Teil des *veda*.

V

veda [veda] *m* Wissen; Gruppe der ältesten überlieferten indoeuropäischen Texte – sie gelten als heilig; die vier *veda*s: Ṛg-veda (in Versen bestehender *veda*), Sāma-veda (in Melodien bestehender *veda*), Yajur-veda (in Opfersprüchen bestehender *veda*), Atharva-veda (*veda* der *atharvan*-Priester).
vedanta [vedānta] *m* 'Ende des *veda*' – die *upaniṣads*; eines der sechs philosophischen Systeme.
vidya [vidyā] *f* Wissen, Gelehrsamkeit, auch richtiges/spirituelles Wissen; Meditationen aus den *upaniṣads*.

Y

yoga [yoga] *m* Verbindung, Vereinigung mit dem höchsten Sein; eines der klassischen Philosophiesysteme; meditativer Zustand ohne Gedanken; Übungen, die dahin führen.
yogi [yogin/yogī] *m* Vollendeter im oder Übender des *yoga*.

DIE BHAGAVAD-GITA FÜR MENSCHEN VON HEUTE

Ein prächtiges Werk mit ...

- Erläuterungen von Sukdev Bretz
- original Sanskritversen in Devanagari
- Transliteration in wissenschaftlicher Umschrift
- Worterklärungen und -übersetzungen sowie Illustrationen

Die „Bhagavad-Gita" (der Gesang Gottes) ist das wohl meistgelesene Buch in Indien. Sie ist quasi die Bibel der Hindus und gilt inzwischen weltweit als eine der wichtigsten klassischen Yogaschriften, weil sie praxisbezogen ist, indem sie Mittel und Wege aufzeigt, Alltag und Spiritualität ohne zusätzlichen Zeitaufwand geschickt miteinander zu verbinden. Die „Bhagavad-Gita" ist ein umfassender Dialog zwischen der Gottinkarnation Shri Krishna und Seinem Schüler Arjuna, einem mächtigen Krieger und Adeligen, der sich kurz vor einer entscheidenden Schlacht demütig an Ihn wendet, da er an einem Scheideweg steht. Bei diesem Gespräch lehrt ihn Shri Krishna alles über praktische und philosophische Fragen des Lebens und darüber, wie man zu Ihm – zum Höchsten – gelangen kann. Yoga spielt hierbei eine wesentliche Rolle, weil sich dadurch alle Aspekte unserer Persönlichkeit entfalten können: Yoga hilft uns, einen harmonischeren Umgang mit uns selbst und der Umwelt zu finden, erweckt in uns schlummernde Fähigkeiten und ist ein ideales Übungssystem, um die Gottverwirklichung zu erreichen.

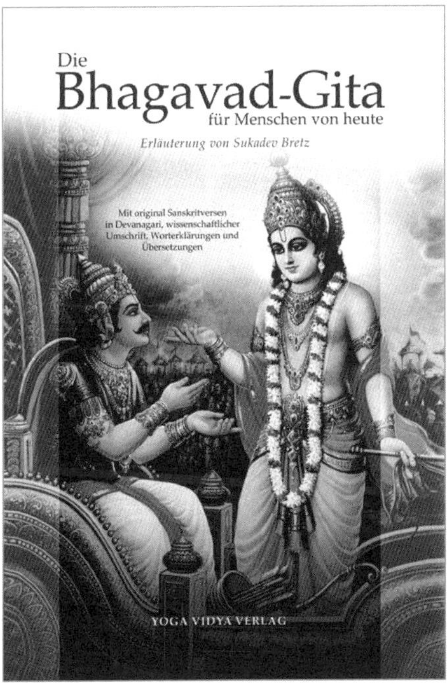

Hardcover (16,5 x 23,7 cm)
gebunden mit Leseband
616 Seiten, 19,90 €
ISBN 978-3-943376-09-8

DAS GROßE YOGA VIDYA HATHA YOGA BUCH

Sukadev Bretz

Ein wunderschönes Buch zum Stöbern! Hier wird der Yoga Vidya Stil in seiner Vielfalt ausführlich erklärt, von einfachen Anfängerübungen über die klassische Yoga Vidya Grundreihe bis hin zu fortgeschrittenen Variationen. Zudem werden die 84 Haupt-Asanas übersichtlich dargestellt. Wer seine Yogapraxis abwechslungsreich mit Mantras und Affirmationen gestalten möchte, kann sich Anregungen holen. Auch auf Yogaübende mit speziellen Bedürfnissen wird eingegangen. Neben den Asanas werden die wichtigsten Pranayama-Techniken gezeigt, in Tiefenentspannung und Meditation eingeführt und die Besonderheiten der yogischen Ernährung erläutert. Auch Yogaphilosophie und der ganzheitliche Yoga in der Tradition von Swami Sivananda und Swami Vishnu-devananda werden erklärt. In das Buch sind die langjährigen Erfahrungen von Sukadev Bretz (direkter Schüler von Swami Vishnu-devananda sowie Gründer und Leiter von Yoga Vidya) eingeflossen. So ist ein Begleitbuch für die eigene Yogapraxis entstanden, das Anfängern und erfahrenen Yogis Inspiration bietet. Auch für Unterrichtende für die Planung von Yogastunden im Yoga Vidya Stil interessant.

Softcover mit Seitenklappen
(21 x 24 cm), 4-farbig
256 Seiten, 19,90 €

SWAMI SIVANANDAS
INSPIRATION & WEISHEIT FÜR MENSCHEN VON HEUTE

In diesem Buch wurden, in alphabetischer Reihenfolge, Textauszüge aus verschiedenen Werken des Yogameisters zusammengestellt. Eine edle und gut lesbare überarbeitete Ausgabe, die vorzüglich dazu geeignet ist, dem Suchenden Hilfe auf seinem Weg zu geben. Sowohl der Anfänger als auch der Fortgeschrittene finden Inspiration und wertvolle Anleitung. Man kann dieses Buch wie ein Lexikon benutzen und zu allen wichtigen Aspekten des spirituellen Lebens hilfreiche Informationen und Ratschläge erhalten. Es kann als tägliche Anregung dienen und eignet sich auch sehr gut dazu, einfach willkürlich aufgeschlagen zu werden und so dem Leser die Antwort des Meisters auf Fragen oder den passenden Gedanken für den Tag zu geben. Es ist an das populäre englische Werk „Bliss Divine" angelehnt, das im Deutschen unter dem Titel „Göttliche Erkenntnis" erschienen ist.

Hardcover (16,5 x 23,7 cm) gebunden mit Leseband, 464 Seiten, 19,90 €

AUTOBIOGRAPHIE
Swami Sivananda

In diesem außergewöhnlichen Werk beschreibt der große indische Weise Swami Sivananda, wie er vom Normalbewusstsein zum Gottesbewusstsein gekommen ist, einfach und ganz natürlich die Erfahrung der Einheit zu machen. Es ist das Geburtsrecht jedes Menschen, seine wahre Natur zu entdecken und auszudrücken. Diese Natur ist göttlich, so die Erfahrung Swami Sivanandas und der aller Mystiker verschiedenster Traditionen. In diesem Buch wird Swami Sivananda lebendig und kann dem Leser wertvolle Ratschläge geben und Kraft schenken.

Hardcover (A5), gebunden mit Leseband
208 Seiten, 16,80 €, ISBN 978-3-943376-18-0

JAPA YOGA - Theorie und Praxis der Mantras

Swami Sivananda

Mantras sind machtvolle Anrufungsformeln auf Sanskrit, einer der ältesten Sprachen der Welt. Der richtige Gebrauch dieser Klangenergien verhilft zu Gesundheit, innerer Harmonie, geistiger Klarheit, mehr Lebensenergie und zur Entfaltung von Liebe und Freude. Japa Yoga (Mantra-Wiederholung) gilt als einfacher, sicherer und schneller Weg zur Selbstverwirklichung. In Indien ist er der populärste aber auch mysteriöseste Aspekt des Yoga, der zumeist nur mündlich von Lehrer zu Schüler weitergegeben wurde bzw. noch wird. Schriften über diese wichtige Yogaart sind in der reichhaltigen deutschsprachigen Yogaliteratur sehr selten. Dieses Buch beschreibt in verständlicher Sprache die tantrische Theorie von Klang und Mantra mit wertvollen Hinweisen für die Praxis. Die hier im Buch enthaltene Auflistung von Mantras, welche früher nur in mündlicher Überlieferung weitergegeben wurden, gilt selbst in Indien als einmalig. Wertvolle Ratschläge zu allen Aspekten des spirituellen Lebens runden den Inhalt dieses außergewöhnlichen Werks ab.

Softcover (A5), 232 Seiten, € 9,80
ISBN 978-3-943376-25-6

ATMA BODHA & APAROKSHA ANUBHUTI

Shri Shankaracharya

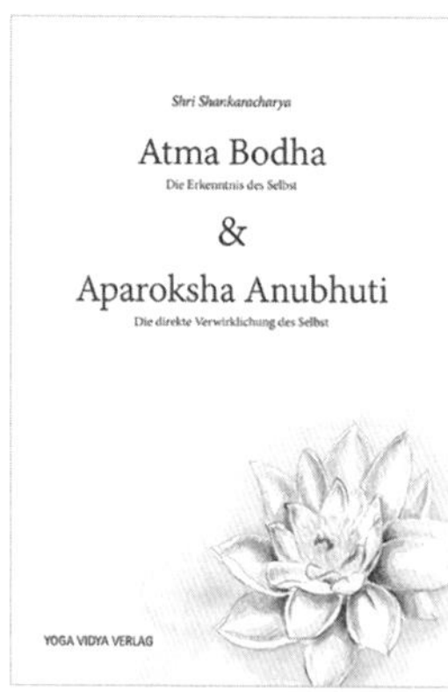

Shri Shankaracharya (bzw. Adi Shankara), der große Denker, Philosoph und Lehrer des indischen Mittelalters (ca. 788-820) bringt hier in kurzen klaren Aphorismen die Lehre des Vedanta, der Philosophie der Einheit, zum Ausdruck: Die Welt, wie wir sie wahrnehmen, hat nur eine relative Realität, ist der Veränderung und Vergänglichkeit unterworfen. Dieses Buch ist ein wertvoller Begleiter für den ernsthaften Aspiranten auf dem spirituellen Entwicklungsweg.

Softcover (A5), 64 Seiten, 7,80 €
ISBN: 978-3-931854-85-0

KARMA YOGA

Swami Sivananda

Wie kann man selbstloses, uneigennütziges Handeln im alltäglichen Leben verwirklichen, um zum höchsten Ziel der Selbstverwirklichung zu gelangen? Dies zeigt Swami Sivananda in seinem praktischen Leitfaden auf inspirierende Weise. Das Buch vermittelt die Einsichten eines verwirklichten Meisters darüber, wie rechtes Handeln – im Einklang mit universellen Gesetzen, mit unserer eigenen Pflicht (Svadharma) und mit Karma und Reinkarnation – zu verstehen ist. Es enthält Bezüge zur „Bhagavad-Gita", inspirierende Geschichten und Anekdoten sowie eine Kurzanleitung zum Führen eines spirituellen Tagebuchs.

Paperback (A5), 224 Seiten, 12,90 €
ISBN 978-3-943376-04-3

20 WICHTIGE SPIRITUELLE ANWEISUNGEN

Swami Sivananda

Ein liebevoll gestaltetes Geschenkbüchlein mit Swami Sivanandas wichtigsten spirituellen Anweisungen für die eigene Yogapraxis und Lebensgestaltung. Auf jeder Seite findest du neben den Anweisungen sehr schöne alte Fotos vom großen Yogameister. Durch die präzise formulierten Ratschläge kann Spiritualität in den Alltag einfließen und Swami Sivanandas direkte Worte können einfach umgesetzt werden. Die Essenz seiner Lehren wunderschön verpackt – lass dich inspirieren!

Hardcover (13,5 x 13,5 cm), gebunden
48 Seiten mit 22 Illustrationen, 8,90 €

INDISCHE RITUALE REIHE

Diese neue Buchreihe über indische Rituale – wie sie bei Yoga Vidya nach der Sivananda-Tradition in Rishikesh, Nordindien praktiziert werden – soll allen wissbegierigen Aspiranten helfen, diese besser zu verstehen, sie ausführen und die Mantras leichter rezitieren zu können. Pujas und Homas bieten auf wundervolle Weise die Gelegenheit, Geist und Seele zu erheben. Wer einer Puja beiwohnt, fühlt sich sofort inspiriert und wird von einem besonderen Frieden erfüllt. Viele Suchende sind des Sanskrit nicht kundig, möchten jedoch mehr über Ablauf und Bedeutung der Puja und der Mantras, die dabei rezitiert werden, erfahren. So entstand eine zunehmende Nachfrage nach einer Transliteration und Erläuterung der Mantras. Alle Rezitationen wurden deshalb mit wissenschaftlicher Umschrift und einer deutschen Übersetzung bereichert. Dies hilft, das Ritual besser verstehen und die Mantras leichter rezitieren zu können.

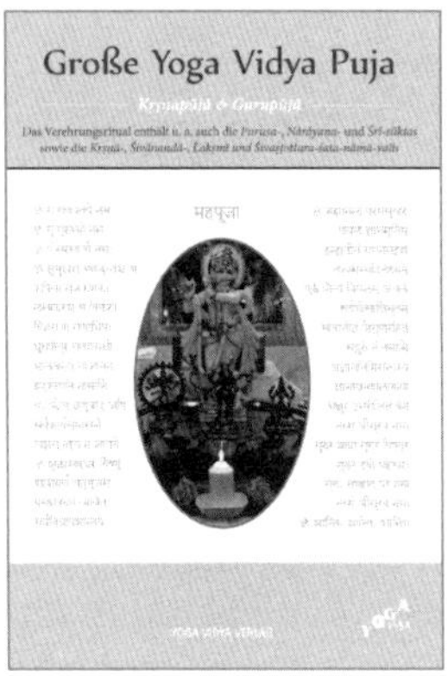

In „Große Yoga Vidya Puja" wird u. a. der Ablauf der Krishna und der Guru Puja, die dazugehörigen Mantras und Handlungen erklärt. Es befinden sich darin viele beliebte Sutras, Stotras und Mantras, inkl. der 108 Namen von Krishna, Shiva, Lakshmi und Swami Sivananda.

Softcover (A5), ca. 112 Seiten, 12,90 €
ISBN 978-3-943376-27-2

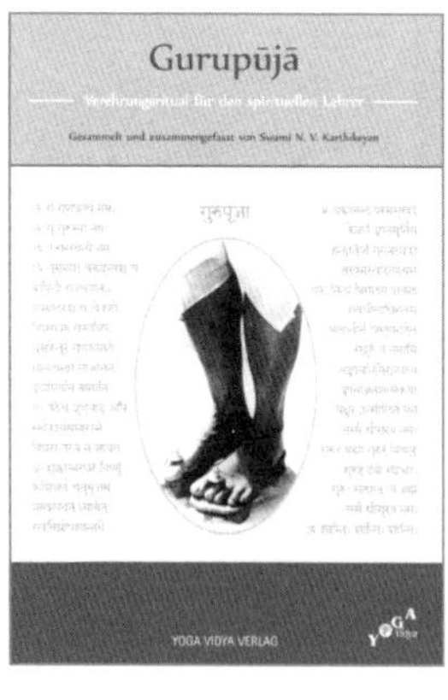

In „Gurupūjā" werden der genaue Ablauf dieses Verehrungsrituals (für den spirituellen Lehrer) und die dazugehörigen Mantras nach Shri Karthikeyan, einem engen Schüler von Swami Sivananda, erklärt.

Softcover (A5), 78 Seiten, 9,90 €

KARMA UND REINKARNATION

Sukadev Bretz

Sukadev stellt in diesem Buch die wichtigsten Fragen des Lebens: Gibt es ein Leben nach dem Tod? Wie sieht das Leben nach dem Tod aus? Was kann ich tun, wenn ich selbst sterbe oder jemand anderes stirbt? Viele praktische Tipps dazu machen dieses Buch durch die Einfachheit der Ratschläge sehr wertvoll. Der zweite Teil des Buches behandelt das Thema Karma: Warum geschieht, was geschieht? Warum gibt es Leiden und offensichtliche Ungerechtigkeiten? Der praktische Standpunkt des Autors klärt die Fragen: Wie kann ein Aspirant aus den Erfahrungen des Lebens lernen? Wie kann man ein ethisches und mitfühlendes Leben führen? Wie kann man uneigennützige Liebe in den Alltag bringen? Fundiertes Wissen angereichert mit persönlichen Beispielen und Erfahrungen.

Hardcover (14,8 x 22,0 cm), gebunden, 192 Seiten, 19,50 €
ISBN 978-3-922477-91-4
(Mangalam Books im Yoga Vidya Verlag)

DIE KUNDALINI-ENERGIE ERWECKEN

Sukadev Bretz

Gleich einer eingerollten Schlange ruht die Kundalini-Energie, die kosmische Urkraft in uns, am Ende der Wirbelsäule. Durch die stufenweise Erweckung dieser Energie können wir das Höchste – die Einheit mit dem Absoluten – erreichen. In inspirierender Klarheit führt Sukadev in die spirituellen Geheimnisse der Kundalini ein und zeigt, wie wir unser Leben durch die Erweckung der göttlichen Urenergie in uns bereichern können. Erläuterungen zur tantrischen Tradition, zu Reinigungs- und Erdungsritualen, zum Astralkörper, zu den Nadis und Chakren helfen, die Kraft der Kundalini besser zu verstehen und ermöglichen einen umsichtigen Umgang mit den spirituellen Erweckungserlebnissen. So wird die Kundalini zu einem inneren Abenteuer, das versteckte Potenziale und Fähigkeiten in uns entdecken, das Bewusstsein erweitern und zur eigenen Verwirklichung führen kann.

Hardcover (13,8 x 22,0 cm), gebunden mit Leseband
200 Seiten, 14,80 €, ISBN 978-3-931854-91-1